Mekam Maheshwar

Meios de comunicação social e comunicação sobre saúde na Índia

Mekam Maheshwar

Meios de comunicação social e comunicação sobre saúde na Índia

ScienciaScripts

Imprint

Any brand names and product names mentioned in this book are subject to trademark, brand or patent protection and are trademarks or registered trademarks of their respective holders. The use of brand names, product names, common names, trade names, product descriptions etc. even without a particular marking in this work is in no way to be construed to mean that such names may be regarded as unrestricted in respect of trademark and brand protection legislation and could thus be used by anyone.

Cover image: www.ingimage.com

This book is a translation from the original published under ISBN 978-3-330-07258-9.

Publisher:
Sciencia Scripts
is a trademark of
Dodo Books Indian Ocean Ltd. and OmniScriptum S.R.L publishing group

120 High Road, East Finchley, London, N2 9ED, United Kingdom
Str. Armeneasca 28/1, office 1, Chisinau MD-2012, Republic of Moldova, Europe
Printed at: see last page
ISBN: 978-620-7-41393-5

Conteúdo

<u>**AGRADECIMENTOS**</u>

Estou muito grato a várias pessoas e instituições pela sua cooperação e encorajamento na publicação deste livro. Em primeiro lugar, agradeço ao meu colega sénior, Dr. Dharmapuri Raghunatha Rao, Cientista-F, Divisão de Extensão e Formação, Instituto Nacional de Nutrição (NIN), Hyderabad, pela sua orientação meticulosa, interesse vivo, encorajamento contínuo e críticas construtivas, que sustentaram o meu esforço em todas as fases do meu trabalho. É com imenso prazer que agradeço aos meus colegas cientistas do Instituto Nacional de Nutrição, Dr. T. Vijayapushpam, Dr. K. Vekaiah, Dr. G. M. SubbaRao e Dra. Sylvia Fernandez Rao, pelos seus contributos e cooperação na redação dos capítulos deste livro. Aproveito esta oportunidade para agradecer ao Sr. S. Devendran, Artista, NIN, pelo seu apoio técnico na conceção dos capítulos do livro. Devo a minha gratidão ao Diretor-Geral do Conselho Indiano de Investigação Médica, Nova Deli, e ao Diretor do Instituto Nacional de Nutrição, Hyderabad, pelo seu apoio e incentivo à publicação deste livro.

(Dr. M. MAHESHWAR)

Chapter 1

UMA AVALIAÇÃO ACTUAL DAS ALEGAÇÕES RELACIONADAS COM A SAÚDE E A NUTRIÇÃO NOS ANÚNCIOS TELEVISIVOS INDIANOS DE ALIMENTOS PARA CRIANÇAS

Resumo: Este artigo relata uma análise de conteúdo de alegações relacionadas com a saúde e a nutrição utilizadas em anúncios alimentares em canais de televisão infantis populares da Índia. Os autores analisaram 793 anúncios de alimentos veiculados por um período total de 20.260 segundos num período de 7 dias em dois canais de televisão. A sua investigação mostra que as alegações relativas ao teor de nutrientes (ou seja, as que se centram numa componente específica do nutriente, como "baixo teor de gordura") são as mais utilizadas, seguidas das alegações nutricionais gerais, das alegações relativas à estrutura/funcionalidade e das alegações saudáveis. A categoria menos utilizada é a das alegações de saúde, em que o alimento publicitado está associado à redução do risco de uma doença ou problema de saúde. A análise dos investigadores sugere que os alimentos saudáveis não são tão publicitados como os alimentos não saudáveis, que continuam a ser um grande problema de saúde pública. Este facto parece sugerir uma necessidade premente de promoções de marketing que se centrem em opções alimentares mais saudáveis, particularmente dirigidas a populações vulneráveis como as crianças.

Palavras-chave: Crianças, Televisão, Anúncios de alimentos, Alegações de HNR

1. Introdução

A obesidade está a evoluir como um problema nutricional importante nos países em desenvolvimento, incluindo a Índia, afectando um número substancial de adultos e resultando num aumento do peso das doenças crónicas (OMS, 2005). Nas duas últimas décadas do século passado, registou-se um aumento dramático dos custos dos cuidados de saúde devido à obesidade e a problemas conexos entre as crianças e os adolescentes (Wang & Dietz, 2002). Também na Índia, a obesidade infantil registou uma tendência crescente (Raj et al., 2007). A obesidade nas crianças parece aumentar o risco de morbilidade subsequente, quer a obesidade persista ou não na idade adulta (Must et al., 1992). Os resultados relacionados com a obesidade infantil incluem a hipertensão, a diabetes mellitus tipo 2, a apneia obstrutiva do sono e problemas ortopédicos e psicossociais (Barlow & Dietz, 1998; Nanda, 2004; Li et al,

2004). Estudos sobre crianças de escolas urbanas indianas de regiões seleccionadas revelam uma elevada prevalência de obesidade e excesso de peso entre as crianças (Chhatwal et al., 2004; Marwaha et al., 2006). Além disso, estudos sobre crianças indianas em idade escolar demonstraram também que a prevalência de hipertensão nas crianças com excesso de peso é significativamente mais elevada do que nas crianças normais (Mohan & Kumar, 2004).

O aumento do consumo de alimentos, associado à falta de atividade física, continua a ser um problema grave, entre os muitos factores que causam a obesidade na Índia, sobretudo nas zonas urbanas. Os indianos gastam cerca de 25% do seu rendimento em alimentação (CMIE 2008-2009). A acessibilidade económica e a maior disponibilidade de alimentos de conveniência fizeram com que os indianos urbanos comessem mais refeições fora de casa e comessem a petiscar muito. As escolhas alimentares individuais, embora provavelmente determinadas por uma combinação de factores pessoais, sociais e económicos, são também influenciadas pelo marketing e pela publicidade dos alimentos. Para ajudar os consumidores a fazerem escolhas alimentares mais saudáveis, o Governo da Índia notificou, em 2011, as regras da Food Safety & Standard Authority (FSSA) para incentivar as embalagens e a publicidade dos alimentos a centrarem-se menos no sabor e na conveniência e mais na educação e na saúde. Estas regras da FSSA, em concordância com as directrizes posteriores para a rotulagem e as alegações, em 2012, poderão resultar na criação de categorias gerais de alegações relacionadas com a saúde e a nutrição (HNR) a utilizar na publicidade alimentar.

A utilização de alegações de HNR em anúncios alimentares tem vários benefícios. As alegações nutricionais podem transmitir aos consumidores informação alimentar relevante e benefícios para a saúde que, de outra forma, lhes seriam desconhecidos (Van Trijp & Van der Lans, 2006). Com estes benefícios, monitorizar as formas como os anúncios alimentares utilizam as alegações relacionadas com a saúde e a nutrição constitui uma tarefa de vigilância dos media significativa para os investigadores e profissionais da comunicação em saúde. O presente estudo procura examinar a utilização de alegações relacionadas com a saúde e a nutrição em anúncios alimentares através de uma análise de conteúdo de canais de televisão infantis populares, fornecendo uma avaliação das formas como as alegações relacionadas com a saúde e a nutrição são utilizadas nos anúncios alimentares.

Na Índia, existem duas categorias de alegações relacionadas com a saúde e a nutrição (FSS-Packaging & Labeling Regulations, 2011) que podem ser utilizadas nos rótulos e na publicidade de alimentos e suplementos alimentares: a) alegações de saúde, que incluem alegações de redução do risco de doença e outras alegações de função b) alegações nutricionais, que incluem alegações de teor de nutrientes e alegações comparativas de nutrientes. As alegações de saúde descrevem a relação entre um alimento ou um constituinte desse alimento e a saúde. Isto inclui o papel fisiológico do nutriente no crescimento, desenvolvimento e funções normais do organismo. E/ou a ligação entre o consumo de um alimento e a redução do risco de desenvolver uma doença ou um estado de saúde. As alegações nutricionais são utilizadas para descrever o nível de um nutriente contido num alimento (exemplo: "fonte de cálcio"; "elevado teor de fibras e baixo teor de gordura"). Esta alegação pode também comparar os níveis de nutrientes/valores energéticos de dois ou mais alimentos (exemplo: "reduzido"; "menos de"; "menos"; "aumentado"; "mais de").

Estudos televisivos realizados na Austrália (Hebden et al., 2011; Roberts & Pettrigew, 2007) observaram que a maioria dos anúncios de alimentos é contrária às directrizes regulamentadas para uma alimentação saudável e até exageraram as alegações de saúde para fazer os telespectadores acreditarem que os alimentos naturais podem ser substituídos por alimentos embalados. Um estudo semelhante efectuado por Kelly e Chapman (2007) analisou anúncios de alimentos em revistas populares para crianças australianas. Encontraram uma forte inclinação para alimentos não saudáveis, enviando uma mensagem mista às crianças. Abbatangelo-Gray et al. (2008) descobriram que uma baixa percentagem de anúncios utilizava alegações sobre o teor de nutrientes e alegações de saúde depois de analisar 17,5 horas de programação televisiva durante dois anos. Um outro estudo que analisou a programação televisiva no Reino Unido concluiu que as alegações relativas ao teor de nutrientes eram as mais utilizadas nos anúncios, seguidas das alegações relativas à função, das alegações comparativas e das alegações nutricionais gerais (Brennan et al., 2008). Um estudo notável realizado por Parker (2003), que analisou a utilização de alegações relacionadas com a saúde e a nutrição em anúncios de produtos alimentares em três revistas de consumo populares, publicadas entre 1998 e 2000, com um grande número de leitores do sexo feminino, observou que as alegações relativas ao teor de nutrientes eram o tipo mais comum de alegações relacionadas com a saúde e a nutrição utilizadas nos anúncios de produtos alimentares. De acordo com Parker, esta constatação específica era contraditória com a grande disponibilidade de directrizes para a utilização de alegações de saúde (ou seja, as que associam o alimento anunciado à redução do risco de uma doença). Por outras palavras, os comerciantes de produtos alimentares preferiam as alegações de teor de nutrientes às alegações de saúde, apesar do crescente apoio da Food and Drug Administration dos EUA a estas últimas.

Na Índia, existe pouca investigação que examine especificamente a utilização de alegações relacionadas com a saúde e a nutrição na publicidade alimentar. "Uma vez que os anúncios televisivos de alimentos com elevado teor de gordura, açúcar ou sal influenciam grandemente os hábitos alimentares dos jovens e das pessoas impressionáveis, tornando-os vulneráveis a doenças não transmissíveis, a Organização Mundial de Saúde (OMS) instou os países a reduzirem a exposição das crianças a este tipo de marketing através da aplicação de um conjunto de recomendações internacionais" (Vineeta & Pandey 2011). Um estudo da Diabetes Foundation of India (DFI) concluiu que os anúncios televisivos têm um impacto tal nas crianças em idade escolar que estas consideram que comer alimentos gordos é uma moda. Pelo menos 54% das crianças inquiridas preferiam comprar os alimentos apresentados nos anúncios e 59% afirmaram que continuariam a comprar esses alimentos (Bhardwaj et al., 2008). Este estudo concluiu que "os anúncios de comida de plástico têm um efeito profundo nos hábitos alimentares das crianças, uma vez que são frequentemente exibidos em horário nobre sem regulamentação legal ou oficial". As revisões científicas também mostraram que uma parte significativa da promoção televisiva expõe as crianças a produtos alimentares "não essenciais" que têm um baixo valor nutricional e causam obesidade infantil.

Neste contexto, o presente estudo tem como objetivo fornecer um novo olhar sobre a utilização de alegações relacionadas com a saúde e a nutrição em anúncios televisivos de alimentos, examinando canais de televisão populares para crianças.

2. Materiais e métodos

Os pontos de classificação televisiva (TRP) foram utilizados para selecionar os canais de televisão para este estudo. De um total de 10 canais de televisão infantis na Índia, foram seleccionados o "Cartoon Network" e o "Disney", dois dos canais infantis mais populares da Índia. O "Cartoon Network" é o primeiro canal infantil da Índia disponível em todos os principais fornecedores de televisão por satélite e por cabo. Especificamente para a região do Sul da Ásia, este canal transmite essencialmente programas de animação em quatro línguas diferentes: Hindi, Inglês, Tamil e Telugu. Trata-se de um canal de 24 horas e tem maior audiência entre as crianças na Índia. O "Disney" é também um canal de televisão de 24 horas destinado às crianças e às famílias, disponível em todos os principais fornecedores de televisão por satélite e por cabo. A programação deste canal consiste essencialmente em séries originais destinadas a pré-adolescentes e jovens adolescentes.

Tabela 1. Declaração que mostra a classificação dos anúncios alimentares transmitidos nos canais de televisão infantis de 23 a 29 de outubro de 2012

Produto	*N.º de anúncios*			*Duração dos anúncios (em segundos)*			*Alegações de saúde/nutrição*
	Cartoon Network	*Disney*	*Total*	*Cartoon Network*	*Disney*	*Total*	
Biscoitos/ Bolos	61	16	77	1220	430	*1650*	*Saúde completa / elevado teor proteico*
Chocolate/produtos doces	114	226	340	2790	6530	*9320*	*Mais nutrientes*
Saúde / bebidas energéticas	36	48	84	490	2450	*2940*	*Torna-se mais alto e mais nítido*
Lacticínios	-	18	18	-	680	*680*	*Mantém-no saudável*
Produtos alimentares à base de cereais/frutos	58	-	58	980	-	*980*	*Cálcio; Hidratos de carbono*
Massa / Massa / Pizza	50	42	92	770	1220	*1990*	*Calorias baixas*

Batatas fritas	12	14	26	190	380	*570*	-
Óleos / Frutos secos	-	12	12	-	370	*370*	*Saboroso e saudável*
Outros	74	12	86	1380	380	*1760*	-
Total	**405**	**388**	**793**	**7820**	**12440**	*20260*	-

Para este estudo, os dados foram recolhidos através da gravação de programas dos canais acima referidos durante o período de horário nobre de uma semana (ou seja, de 23 a 29 de outubro de 2012). Esta semana coincide com o primeiro período de férias das escolas de Hyderabad, na Índia, onde o estudo foi efectuado. Um horário nobre indica o período de maior audiência da televisão. Assim, foram gravadas diariamente as emissões dos canais infantis (Cartoon Network e Disney) das 07h00 às 09h00 e das 17h00 às 19h00, o que perfaz um total de 56 horas de emissão para análise. Todas as emissões gravadas foram visionadas pelo autor principal deste estudo para codificação. Os anúncios de alimentos apresentados na versão gravada do programa foram classificados em diferentes categorias de alimentos. A duração de cada anúncio (em segundos) e o grupo alimentar a que pertence também foram registados na folha de codificação.

3. Resultados e discussão

Um total de 793 anúncios de alimentos foram exibidos durante o período de amostragem nos dois canais de televisão infantis, Cartoon Network e Disney. A duração total destes anúncios foi calculada em 20.260 segundos (ver quadro). Estes anúncios representam um ou outro fabricante de géneros alimentícios e alguns foram mesmo apoiados por personalidades famosas. Do total de anúncios, o Cartoon Network transmitiu 405 anúncios sobre diferentes alimentos, com uma duração total de 7.820 segundos. Da mesma forma, o Disney channel transmitiu um total de 388 anúncios sobre diferentes produtos alimentares, com uma duração total de 12 440 segundos.

Quase 90% de todos estes anúncios publicitaram os seus produtos alimentares como sendo saudáveis ou nutritivos, ou ambos. Apenas 10% dos anúncios de produtos alimentares não referiam benefícios para a saúde nem para a nutrição, limitando-se apenas a mencionar que se trata de um snack de lazer. Da duração total de todos os anúncios de alimentos durante o período de estudo, 60% deles alegaram exclusivamente benefícios nutricionais, apenas 20% alegaram exclusivamente benefícios para a saúde e 8% alegaram ambos os benefícios. Os anúncios de alimentos que alegam exclusivamente benefícios nutricionais são os de chocolate/doces, alimentos à base de cereais/fruta e atta/alimentos/pizza. Do mesmo modo, os anúncios que alegam exclusivamente benefícios para a saúde dizem respeito a bebidas saudáveis/energéticas, produtos lácteos e óleos e frutos secos. Os anúncios a bolachas e bolos têm alegado benefícios para a saúde e para a nutrição. Apenas os anúncios a batatas fritas e produtos alimentares diversos não alegaram quaisquer benefícios nutricionais e de saúde.

O presente estudo analisou as alegações relacionadas com a saúde e a nutrição em anúncios alimentares transmitidos em canais de televisão infantis populares da Índia e observou que os anúncios com alegações nutricionais (12 290 segundos) são o triplo das alegações de saúde (3 990 segundos) em termos de duração dos anúncios. Os anúncios sobre chocolates e produtos doces foram transmitidos o maior número de vezes e com a maior duração, seguidos dos anúncios sobre Atta/ Noodles/ Pizza, bebidas saudáveis/energéticas, produtos à base de cereais e bolachas e bolos, que são consumidos sobretudo por crianças. Isto indica claramente que os fabricantes destes produtos têm como alvo o público infantil nos seus anúncios. A maior parte dos anúncios sobre bebidas energéticas/saúde tinham apresentado estas bebidas como inevitáveis para o crescimento das crianças, o que é suscetível de seduzir pais e filhos.

Figura 1. Duração da publicidade (em segundos) de produtos e respectivas alegações nutricionais e de saúde em canais de televisão infantis

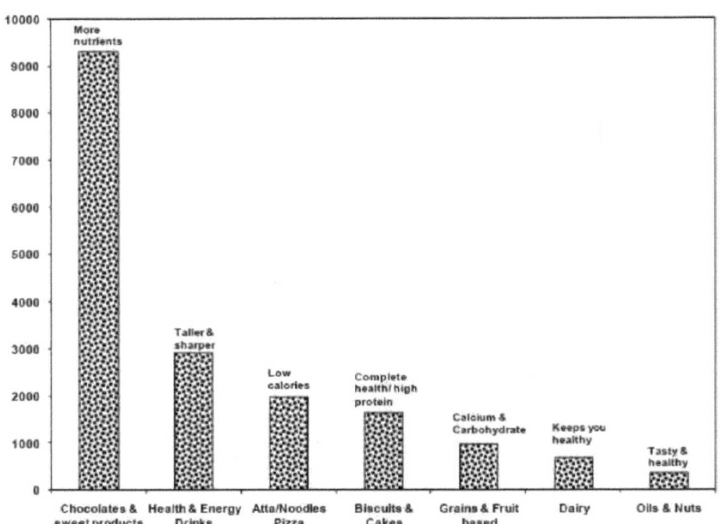

Os fabricantes de produtos alimentares afirmaram que o consumo de chocolates e de produtos doces era "mais nutritivo" e apresentaram estes anúncios o maior número de vezes durante o período de estudo (Figura 1). As bebidas energéticas e para a saúde são apresentadas como fazendo com que as crianças sejam "mais altas e mais inteligentes" nos seus estudos e apresentaram estes anúncios com crianças artistas. Os anúncios a massas e pizzas alegavam baixas calorias e eram apresentados como prevenção da obesidade. As bolachas e os bolos eram apresentados nos anúncios como produtos ricos em proteínas que contribuem para uma saúde completa. Do mesmo modo, os anúncios a produtos alimentares à base de cereais e fruta eram apresentados como uma fonte de cálcio e hidratos de carbono. Os anúncios a produtos lácteos foram apresentados como sendo destinados à saúde.

Embora os canais de televisão tenham começado a oferecer mais conselhos sobre estilos de vida mais saudáveis, os anúncios de alimentos continuam a comercializar produtos pouco saudáveis (Universidade de Newcastle, 2009). A análise dos grupos de alimentos sugere que os alimentos não saudáveis cheios de adoçantes, aromatizantes artificiais, gorduras trans, sal e conservantes (por exemplo, gorduras, óleos, doces) continuam a estar entre os mais publicitados, enquanto as frutas e os legumes são as categorias menos publicitadas. Estas conclusões são semelhantes aos resultados de estudos anteriores (Jones et al., 2008; Kelly & Chapman, 2007), demonstrando o conflito entre o que é saudável e o que está disponível para o público em geral (Cappin, 2007).

Relativamente ao número de alegações relacionadas com a saúde e a nutrição utilizadas, encontrámos uma diferença significativa na utilização de alegações nutricionais gerais e de alegações de estrutura/função entre os grupos de alimentos. Entre as categorias de alimentos identificáveis, o grupo das massas/ pizzas foi o que mais utilizou alegações nutricionais gerais (por exemplo, "trigo integral 100% natural") e o grupo dos óleos e frutos secos foi o que menos utilizou estas alegações. O grupo das bolachas/bolos, produtos alimentares à base de fruta foi o que mais utilizou alegações relativas à estrutura/função (por exemplo, "Cálcio para ossos mais fortes", "proteínas elevadas constroem músculos para um corpo magro"), enquanto o grupo das gorduras foi o que menos utilizou estas alegações. Dada a complexidade destas alegações e a dificuldade de as integrar nos anúncios, os anunciantes podem não ter a capacidade de utilizar eficazmente as alegações de saúde. No entanto, as alegações de saúde que relacionam o produto com a redução de riscos para a saúde ou doenças podem ser mais úteis para orientar os consumidores a fazerem escolhas alimentares saudáveis, em comparação com as alegações de teor de nutrientes que mencionam simplesmente um determinado componente nutritivo.

Na última década, a Índia tem vindo a atravessar um período de mudança no seu sector das comunicações. São particularmente notáveis a importância crescente da radiodifusão por cabo e por satélite (frequentemente estrangeira) e o aumento dos programas de televisão para crianças. O número de canais de televisão especificamente destinados às crianças cresceu de um em 2002 para 10 em 2012 e continua a crescer à medida que os organismos de radiodifusão visam este enorme mercado inexplorado (Velloor, 2005). Ao mesmo tempo, a publicidade tem crescido à medida que os anunciantes reconhecem a influência do "pester power" (Business Line, 2005). Um inquérito realizado pela ONG Consumers International, na Índia, em 2001, mostrou que 40-50% da publicidade durante a programação infantil se destinava a produtos alimentares e que mais de 50% dos pais citaram o poder de pressão como influenciando as suas decisões de compra (Escalante de Cruz, 2004).

Os pais desempenham um papel importante no que respeita à exposição de uma criança aos meios de comunicação televisivos. Os adultos têm a capacidade de pensar criticamente sobre o objetivo e o significado das mensagens e sobre a forma como essas mensagens podem e vão influenciar as mentes das crianças. As crianças devem discutir em família os anúncios comerciais e o objetivo das empresas, para que compreendam o que estão a ver. Os hábitos de vida começam desde tenra idade, em relação direta com o comportamento e o nível de educação dos pais. Este facto terá um impacto imenso no ciclo contínuo que se perpetua de geração em geração. É também da responsabilidade dos anunciantes e das indústrias alimentares oferecer escolhas saudáveis em vez de apenas escolhas pouco saudáveis. No entanto, a hipótese de isso acontecer é escassa e idealista, por muito perfeita que possa parecer.

A influência dos meios de comunicação televisivos nas escolhas alimentares e nos hábitos alimentares dos jovens na América tem demonstrado ter múltiplos efeitos negativos. Na Índia, sobretudo nas zonas urbanas, esta tendência é evidente, uma vez que a obesidade infantil tem vindo a aumentar na última década. O risco de um estilo de vida pouco saudável não deve ser ignorado. Pelo contrário, é algo que precisa de ser abordado com grande importância. As formas como os meios de comunicação social televisivos contribuem para uma dieta pobre e para a inatividade física incluem: o tempo passado a consumir os meios de comunicação social e o seu impacto na redução do gasto energético, o consumo de alimentos durante o tempo passado a ver televisão e a prevalência e o impacto da publicidade alimentar. Embora os meios de comunicação televisivos não sejam de todo maus, existem provas suficientes para concluir que certas imagens e situações têm um efeito negativo nas pessoas a que estão expostas.

4. Aspectos positivos dos meios de comunicação social

Nem todos os programas infantis são "maus". No início dos anos 2000, Shakthiman, o popular programa infantil que promovia a ideia de que comer frutas e legumes faz com que as crianças cresçam grandes e fortes. Esta influência era um reforço positivo das escolhas alimentares e dos hábitos alimentares que os pais queriam que os seus filhos praticassem. Para os adultos, a televisão pode fornecer um recurso para meios de comunicação saudáveis, em oposição aos prejudiciais. Os principais canais de televisão oferecem constantemente refeições rápidas e menus para famílias ocupadas que, normalmente, também incorporam uma componente saudável. Na Food Network, programas como o da dietista registada Ellie Krieger: Healthy Recipes, são fornecidas ideias para pequenos-almoços poderosos e almoços energizantes, bem como jantares saudáveis. As suas colunas de conselhos estão disponíveis em linha para aqueles que procuram mais informações para manter um estilo de vida saudável. Estes recursos não estariam disponíveis sem os media como componente deste processo educativo de aprendizagem.

5. Conclusões

O presente estudo fornece uma visão preliminar da forma como os anúncios alimentares televisivos utilizam alegações relacionadas com a saúde e a nutrição. Os resultados têm uma série de implicações para a comunicação de saúde em torno dos comportamentos alimentares e das políticas públicas que regulam o marketing alimentar. Como o nosso estudo sugere, a maioria das alegações relacionadas com a saúde e a nutrição nos anúncios alimentares são alegações de conteúdo de nutrientes, em vez de alegações de saúde mais informativas. Os profissionais de marketing alimentar parecem estar relutantes em usar alegações de saúde; isto pode dever-se a limitações de espaço televisivo ou ao uso obrigatório de linguagem regulamentar. Pode também dever-se a ramificações legais. Ou seja, as alegações de saúde têm de ser apoiadas por provas científicas significativas. Caso contrário, o anunciante pode ser acusado de violar os regulamentos do Advertising Standards Council of India (ASCI). O estabelecimento de directrizes e/ou políticas públicas que maximizem o interesse e a capacidade do sector privado para incorporar alegações úteis relacionadas com a saúde e a nutrição no marketing alimentar parece ser muito necessário. Por último, a nossa análise sugere que os alimentos saudáveis não são tão publicitados como os alimentos não saudáveis, o que continua a ser um grande problema de saúde pública. Este facto parece sugerir uma necessidade premente de promoções de marketing que se concentrem em opções alimentares mais saudáveis, particularmente dirigidas a populações vulneráveis como as crianças.

Referências

Abbatangelo-Gray, J., Byrd-Bredbenner, C., & Austin, S. B. (2008). Alegações sobre a saúde e o teor de nutrientes em anúncios de produtos alimentares na televisão hispânica e no horário nobre.

Journal of Nutrition Education and Behavior, 40, 348-354. http://dx.doi.org/ 10.1016/j.jneb.2008.01.003

Barlow, S. E., & Dietz, W. H. (1998). Avaliação e tratamento da obesidade: Recomendações do Comité de Peritos. Gabinete de Saúde Materna e Infantil, Administração de Recursos e Serviços de Saúde e Departamento de Saúde e Serviços Humanos. Pediatrics, 102, E 29.

Bhardwaj, S., Misra, A., Khurana, L., & Gulati, S. (2008). Childhood obesity in Asian Indians: a burgeoning cause of insulin resistance, diabetes and sub-clinical inflammation. Asia Pac J Clin Nutr, 17(17), 172-175.

Brennan, R., Czarnecka, B., Dahl, S., Eagle, L., & Mourouti, O. (2008). Regulamentação das alegações nutricionais e de saúde na publicidade. Journal of Advertising Research, 48, 57-70. http://dx.doi.org/10.2501/ S00218499 08080082

Business Line (Índia). (2005). Pester power brings more advertisers to kids channels", 18 de fevereiro de 2005 (acedido através de Lexis-Nexis).

Chhatwal, J., Verma, M., & Riar, S. K. (2004). Obesidade entre pré-adolescentes e adolescentes de um país em desenvolvimento (Índia). Asia Pacific Journal of Clinical Nutrition, 13, 231-5.

CMIE. (2008-2009). Centre for Monitoring Indian Economy's Consumer Pyramids, um inquérito aos agregados familiares indianos.

Escalante de Cruz, A. (2004). The junk food generation: a multi-country survey of the influence of television advertisements on children (A geração da comida de plástico: um inquérito multinacional sobre a influência da publicidade televisiva nas crianças). Kuala Lumpur, Consumers International Asia Pacific Office.

Hebden, L., King, L., Chau, J., & Kelly, B. (2011). Food advertising on children's popular subscription television channels in Australia (Publicidade alimentar nos canais de televisão por subscrição populares para crianças na Austrália). Austrália e Nova Zelândia.

Journal of Public Health, 35, 127-130. http://dx.doi.Org/10.111 1/j.1753-6405.2011. 00610.x

Jones, S. C., Andrews, K. L., Tapsell, L., Williams, P., & Mc Vie, D. (2008). The extent and nature of "health messages" in magazine food advertising in Australia. Asian Pacific Journal of Clinical Nutrition, 17, 317-324.

Kelly, B., & Chapman, K. (2007). Food references and marketing to children in Australian magazines: Uma análise de conteúdo. Health Promotion International, 22, 284291. http://dx.doi.org/10.1093/heapro/dam026

Li, X., Li, S., Ulusoy, E., Chen, W., Srinivasan, S. R., & Berenson, G. S. (2004). Adiposidade na infância como preditor de massa cardíaca na idade adulta: The Bogalusa Heart Study. Circulation, 110, 3488-92. http://dx.doi.org/ 10.1161/01. CIR.000014 9713.48317.27

Marwaha, R. K., Tandon, N., Singh, Y., Aggarwal, R., Grewal, K., & Mani, K. (2006). A study of growth parameters and prevalence of overweight and obesity in school children from Delhi (Um estudo dos parâmetros de crescimento e da prevalência de excesso de peso e obesidade em crianças em idade escolar de Deli). Indian Pediatric, 43, 943-52.

McCappin, L. (2007). Os alimentos transformados não são a resposta para a saúde. Obtido em http://www.nothingelsecompares.com/prospecting/bio -prospecting/ proc essed - food-is-not-the-answer-to-health. php

Mohan, B., Kumar, N., Aslam, N., Rangbulla, A., Kumbkarni, S., Sood, N. K., & Wander, G. S. (2004). Prevalence of sustained hypertension and obesity in urban and rural school going children in Ludhiana. Indian Heart Journal, 56, 310-4.

Must, A., Jacques, P. F., Dallal, G. E., Bajema, C. J., & Dietz, W. H. (1992). Longterm morbidity and mortality of overweight adolescents (Morbilidade e mortalidade a longo prazo de adolescentes com excesso de peso): A follow-up of the Harvard Growth Study of 1922 to 1935. New England Journal of Medicine, 327, 1350-5. http://dx.doi.org/10.1056/NEJM199211053271904

Nanda, K. (2004). Esteatohepatite não alcoólica em crianças. Pediatric Transplant, 8, 613-18. http://dx.doi.org/10.1111/j.1399-3046.2004.00241.x

Universidade de Newcastle. (2009). Anúncios de alimentos na sua revista: Até que ponto são saudáveis?

Raj, M., Sundaram, K. R., Paul, M., Deepa, A. S., & Kumar, R. K. (2007). Obesidade em crianças indianas: tendências temporais e relação com a hipertensão. National Medical Journal of India, 20(6), 288-93.

Roberts, M., & Pettigrew, S. (2007). A thematic content analysis of children's food advertising (Uma análise de conteúdo temático da publicidade alimentar infantil). International Journal of Advertising, 26, 357-367.

Van Trijp, H. C. M., & Van der Lans, I. A. (2006). Consumer perceptions of nutrition and health claims (Percepções dos consumidores sobre alegações nutricionais e de saúde). Appetite, 48, 305-324. http://dx.doi.org/ 10.1016/j.appet. 2006. 09.011

Velloor, R. (2005). A televisão indiana conta com o poder de importunação das crianças. The Straits Times (Singapura), 4 de setembro de 2005 (acedido através de Lexis-Nexis).

Vineeta, P. (2011). A OMS diz que os anúncios televisivos de fast food têm como alvo as crianças. Jornal diário DNA, 24 de janeiro de 2011.

Wang, G., & Dietz, W. H. (2002). Economic burden of obesity in youths aged 6 to 17 years: 1979-1999. Pediatrics, 109, E81-1. http://dx.doi.org/ 10.1542/peds.109.5.e81

Organização Mundial de Saúde. (2005). Prevenir as doenças crónicas: Um investimento vital. Relatório Mundial Global, Genebra: OMS.

Chapter 2

UMA ANÁLISE COMPARATIVA DOS ANÚNCIOS ALIMENTARES TELEVISIVOS DESTINADOS A ADULTOS E CRIANÇAS NA ÍNDIA

Resumo:

Objetivo: Analisar comparativamente a publicidade alimentar entre os canais de televisão infantis e os canais tradicionais na Índia.

Projeto: Quatro dos principais canais de televisão foram gravados entre as 7h00 e as 9h00 e entre as 17h00 e as 19h00, nos canais infantis, e entre as 17h00 e as 21h00, nos canais tradicionais, perfazendo um total de 112 horas de transmissão para análise, durante um período de uma semana, durante as férias. Os dados foram visualizados por um dos investigadores e codificados de acordo com as categorias de alimentos, produtos alimentares, alegações de saúde e apresentação.

Resultados: Foi transmitido um total de 1602 anúncios alimentares e a duração destes anúncios foi calculada em 42.120 segundos. Os anúncios sobre chocolates e produtos doces foram transmitidos o maior número de vezes, seguidos dos anúncios sobre bebidas saudáveis/energéticas e produtos à base de cereais. A publicidade a chocolates/doces, biscoitos/bolachas e batatas fritas foi transmitida maioritariamente no canal infantil do que no principal, o que indica claramente que os fabricantes destes produtos tinham como alvo o público infantil. Contrariamente a isto, 63% dos anúncios a bebidas saudáveis/energéticas foram vistos nos canais generalistas, cuja audiência é constituída maioritariamente por adultos, incluindo donas de casa ou pais. Dado que o custo das bebidas saudáveis era elevado em comparação com os chocolates e que a decisão de comprar estes produtos cabe apenas aos pais, as bebidas saudáveis/energéticas foram maioritariamente publicitadas nos canais tradicionais. A maior parte dos anúncios a bebidas saudáveis/energéticas apresentavam-nas como inevitáveis para o crescimento das crianças, o que seduzia os pais. O mesmo aconteceu com a publicidade a produtos à base de cereais/frutos. 74% dos anúncios a estes produtos foram vistos nos canais tradicionais. Todos os anúncios a batatas fritas de pacote durante a semana de amostragem apareceram apenas nos canais infantis e todos os anúncios a chá/café foram vistos apenas nos canais tradicionais, o que pode ser entendido como uma estratégia dos anunciantes de produtos alimentares baseada na divisão simbólica dos hábitos alimentares entre crianças e adultos.

Conclusões: A maioria dos anúncios de produtos alimentares exibidos tanto nos canais infantis como nos canais tradicionais não promove a saúde, apesar das alegações de saúde feitas. As conclusões do presente estudo sugerem que é necessária regulamentação legal para reduzir a publicidade a produtos alimentares não saudáveis, especialmente para as crianças. Ao mesmo tempo, podem ser envidados esforços para encorajar mais publicidade a alimentos saudáveis.

Palavras-chave: Alimentação, Televisão, Publicidade, Adultos e crianças

INTRODUÇÃO

A publicidade é um dos instrumentos eficazes da comunicação integrada de marketing para motivar emocionalmente os consumidores a comprarem os produtos [1]. A análise de conteúdo dos anúncios de produtos alimentares revela que a maioria dos anúncios televisivos (TV) se destina a produtos alimentares de valor nutricional mínimo [2, 3]. Também tem uma forte ligação com o entretenimento e a proliferação dos meios de comunicação social esbateu as linhas de distinção entre publicidade e entretenimento. Para afetar a mudança de dieta, é importante compreender os factores que influenciam o comportamento de compra de alimentos dos consumidores [4].

Apesar da força crescente das redes sociais, a publicidade televisiva continua a ser o meio mais influente nas decisões de compra das pessoas. Um relatório do Television Bureau of Advertising e da Knowledge Networks Inc revela que 37% dos telespectadores tomam decisões de compra depois de verem anúncios na televisão, em comparação com 7% nas redes sociais. O impacto e a persuasão são dois factores que contribuem para o êxito de um anúncio televisivo que desperta imediatamente o interesse dos telespectadores e se mantém memorável. Os anúncios televisivos demonstram a sua influência de várias formas.

Os anúncios de produtos como snacks, brinquedos, confeitarias, bolachas e fast food são especificamente dirigidos às crianças, a fim de as motivar a experimentar novas marcas e a comprar mais. Foi observada uma forte correlação entre as crianças e os anúncios televisivos, que estão cheios de fascínio e excitação [5,6]. As formas como os meios de comunicação televisivos contribuem para uma dieta pobre e para a inatividade física incluem: o tempo passado a consumir os meios de comunicação e o seu impacto na redução do gasto energético, o consumo de alimentos durante o tempo passado a ver televisão e a prevalência e o impacto da publicidade alimentar [7].

Zimmerman e Bell [8] e Halford et al [9] encontraram provas para apoiar a teoria de que o visionamento da televisão contribui para a obesidade. As percepções dos pais sobre a publicidade alimentar televisiva dirigida às crianças revelaram que os pais consideram que a publicidade alimentar tem uma forte influência nas preferências alimentares e nos hábitos alimentares dos seus filhos [10,11], e descobriram que a publicidade televisiva a fast food e a refrigerantes estava associada a um maior consumo destes dois produtos entre as crianças do ensino básico.

Além disso, a publicidade à comida rápida foi significativamente associada ao IMC (Índice de Massa Corporal) das crianças com excesso de peso e obesas. A falta de atividade física é a principal causa do excesso de peso nas crianças. Na Índia, apenas 50% das crianças com idades compreendidas entre os 12 e os 21 anos participam regularmente em actividades físicas rigorosas, enquanto 25% das crianças não praticam qualquer atividade física [12].

O visionamento de televisão é a atividade de lazer dominante na Índia. Num inquérito realizado pela ASSOCHAM, os adultos indianos afirmaram ver 14-16 horas de televisão por semana, mais de metade do tempo total de lazer. A criança média passa duas horas por dia a ver televisão, mas 26% das crianças vêem pelo menos quatro horas de televisão por dia [12]. A televisão é um meio poderoso para a comercialização e a publicidade de produtos [13, 14]. Há provas que sugerem que o facto de se ver mais televisão está associado a um maior consumo de snacks, bebidas açucaradas e fast food [8, 9,11].

O Overseas Development Institute (ODI), um importante grupo de reflexão independente, constatou que os indianos constituem uma grande parte de um em cada três adultos que atualmente têm excesso de peso ou são obesos, totalizando 1,46 mil milhões em todo o mundo [15]. Para o seu relatório intitulado "Future Diets", o ODI, com sede em Londres, seleccionou cinco países de rendimento médio - Índia, China, Egipto, Peru e Tailândia - como estudos de caso para ilustrar as tendências alimentares no mundo em desenvolvimento nos últimos 50 anos. A análise revelou que, entre 1980 e 2008, as pessoas afectadas pela obesidade no mundo em desenvolvimento triplicaram.

A percentagem de obesos e de pessoas com excesso de peso na Índia aumentou de cerca de 9% da população em 1980 para 11% em 2008. Um estudo recente realizado entre 24 000 crianças em idade escolar no sul da Índia mostrou que a proporção de crianças com excesso de peso aumentou de 4,94% do total de alunos em 2003 para 6,57% em 2005, demonstrando a tendência temporal desta epidemia em rápido crescimento [16].

A exposição ao marketing alimentar televisivo é um dos vários factores chave que influenciam a dieta e as preferências alimentares da população em geral, afectando em última análise resultados como o excesso de peso e a obesidade [17,18]. A publicidade alimentar para crianças tem sido dominada por produtos com baixo teor de nutrientes e alto teor calórico [19, 20], e o facto de as crianças mais novas não compreenderem a intenção persuasiva das mensagens comerciais [21, 22] exacerba a preocupação com a influência do marketing.

As estratégias utilizadas pelos anunciantes nos meios de comunicação televisivos indianos são semelhantes às observadas noutros países [14,23], na medida em que apelam especificamente ao público adulto e infantil. Os anunciantes de produtos alimentares projectam taticamente os seus produtos em canais de televisão exclusivos para crianças, em comparação com os canais de televisão tradicionais.

Neste contexto, este estudo foi conduzido (i) para avaliar quantitativamente os anúncios alimentares globais nos principais canais de televisão indianos e (ii) para analisar comparativamente estes anúncios nos canais de televisão tradicionais e infantis.

MATERIAIS E MÉTODO

Os pontos de classificação televisiva (TRP) foram utilizados para selecionar quatro canais de televisão para este estudo. Assim, foram seleccionados os quatro canais comerciais mais populares. Destes, dois canais, Cartoon Network e Disney, destinavam-se às crianças e dois pertencem ao mainstream, ou seja, os canais STAR plus e Gemini.

O "Cartoon Network" é o primeiro canal infantil da Índia disponível em todos os principais fornecedores de televisão por satélite e por cabo. Especificamente para a região do Sul da Ásia, este canal transmite principalmente programas de animação em quatro línguas diferentes: Hindi, Inglês, Tamil e Telugu. Este canal, que funciona 24 horas por dia, tem uma maior audiência entre as crianças da Índia. O "Disney" é também um canal de televisão de 24 horas destinado às crianças e às famílias, disponível em todos os principais fornecedores de televisão por satélite e por cabo. A programação deste canal consiste essencialmente em séries originais destinadas a pré-adolescentes e jovens adolescentes.

O "Star Plus" é um canal de televisão de entretenimento geral em língua hindi sediado na Índia. Os programas deste canal popular incluem uma mistura de dramas familiares, comédias, reality shows, programas sobre crimes e filmes de televisão. Gemini TV é um canal de televisão de língua regional (telugu) que ocupa a primeira posição nas tabelas TRP entre os canais de televisão do sul da Índia. A programação do canal inclui séries, filmes, programas baseados em filmes, programas de jogos e notícias. Emite séries, filmes, programas em direto, concursos e notícias.

Os dados foram recolhidos através da gravação de programas dos quatro canais acima referidos durante o período de horário nobre de uma semana (ou seja, de 23 a 29 de outubro de 2012). Esta semana coincide com as férias do primeiro período letivo das escolas de Hyderabad, na Índia, onde o estudo foi realizado. A semana de amostragem foi selecionada porque coincidia com o período de recolha de dados durante o qual foi aplicado um questionário à população sobre a influência dos meios de comunicação social nas suas compras de alimentos.

Um horário nobre indica o período de maior afluência de telespectadores à televisão. Assim, foram gravadas diariamente as emissões dos canais infantis (Cartoon Network e Disney) das 7h00 às 9h00 e das 17h00 às 19h00, bem como as emissões dos canais principais (STAR plus e Gemini) das 17h00 às 21h00, num total de 112 horas de emissão para análise. Todas as emissões gravadas foram visionadas por um dos autores deste estudo para codificação.

Os anúncios de alimentos apresentados na versão gravada do programa foram classificados em dez categorias diferentes de alimentos: (1) Bolachas/bolos, (2) Chocolates/produtos doces, (3) Bebidas saudáveis/energéticas, (4) Produtos lácteos, (5) Chá/café, (6) Produtos à base de cereais/frutos, (7) Atta/ Massa/ Pizza, (8) Batatas fritas, (9) Óleos/nozes, (10) Outros. A duração de cada anúncio (em segundos) e o grupo alimentar a que pertence também foram registados na folha de codificação. O esquema de codificação foi adaptado de uma investigação anterior de análise de conteúdo que examinou as mensagens de marketing alimentar na televisão dirigidas às crianças [24].

RESULTADOS

Um total de 1.602 anúncios de alimentos foram exibidos durante o período de amostragem em todos os quatro canais de televisão: Cartoon Network, Disney, STAR plus e Gemini (Tabela 1). A duração total destes anúncios foi calculada em 42.120 segundos. O STAR plus emitiu o maior número (536) de anúncios alimentares com uma duração de 14.650 segundos, seguido do Cartoon Network (406 anúncios em 7.820 segundos); Disney (388 anúncios em 12.440 segundos) e Gemini (272 anúncios em 7.210 segundos).

O tempo proporcional de difusão de cada anúncio varia claramente entre os canais de difusão principal e os canais infantis. O tempo médio de cada anúncio apresentado nos canais de difusão principal (STAR plus e Gemini) era uniforme, ou seja, cerca de 26 a 27 segundos, enquanto no Cartoon Network o tempo médio era de apenas 19 segundos, mas no Disney era de cerca de 32 segundos por cada anúncio.

Os anúncios sobre chocolates e produtos doces foram transmitidos o maior número de vezes, seguidos dos anúncios sobre bebidas saudáveis/energéticas e produtos à base de cereais/frutos. Quase todos os anúncios de alimentos de diferentes grupos alegaram benefícios nutricionais ou para a saúde do respetivo produto. Os anúncios que alegavam benefícios nutricionais eram mais numerosos do que os que alegavam benefícios para a saúde. "Mais nutrientes", "Cálcio e hidratos de carbono", "Elevado teor de proteínas", "Baixas calorias", "Torna-o mais alto e mais inteligente" foram as alegações gerais apresentadas nos anúncios televisivos

DISCUSSÃO

No presente estudo, observou-se que os publicitários do sector alimentar utilizaram duas estratégias diferentes para atingir os adultos e as crianças como potenciais consumidores. A publicidade a chocolates/doces, biscoitos/bolos e batatas fritas foi maioritariamente transmitida no canal infantil do que no principal, o que indica claramente que os fabricantes destes produtos tinham como alvo o público infantil.

Contrariamente a isto, 63% dos anúncios a bebidas saudáveis/energéticas foram vistos nos canais tradicionais, cuja audiência é constituída maioritariamente por adultos, incluindo donas de casa ou pais. Uma vez que os custos das bebidas saudáveis/energéticas são elevados em comparação com os dos chocolates e bolachas e que a decisão de comprar estas bebidas cabe apenas aos pais, estas são maioritariamente anunciadas nos canais tradicionais. Quase todos os anúncios sobre bebidas saudáveis/energéticas apresentam estas bebidas como inevitáveis para o crescimento das crianças, o que tenta os pais.

O mesmo se passa com a publicidade a produtos alimentares à base de cereais/frutos. 74% dos anúncios a estes produtos foram vistos nos canais generalistas. Todos os anúncios a batatas fritas durante a semana de amostragem foram vistos apenas nos canais infantis e todos os anúncios a chá/café foram vistos apenas nos canais tradicionais, o que pode ser entendido como uma estratégia dos anunciantes de produtos alimentares baseada na divisão simbólica dos hábitos alimentares entre crianças e adultos.

Observou-se que a quantidade de anúncios era específica para o público adulto e infantil. Em particular, os anúncios de quatro produtos agrupados, a saber: (1) bolachas/bolos; (2) chocolates/doces; (3) produtos lácteos e (4) produtos à base de cereais/frutos, exibidos durante todo o tempo nos canais de televisão, reflectem esta caraterística. De todos os anúncios sobre estes quatro produtos que apareceram em ambos os canais de televisão infantis, 74% eram apenas sobre chocolates/doces, ao passo que nos canais de televisão tradicionais essa percentagem era de apenas 30% (Figura 1).

Nos canais generalistas, a publicidade a produtos lácteos é de 35% e a anúncios a produtos à base de cereais/frutos é de 33%. No entanto, nos canais infantis, a percentagem foi de apenas 5% e 8%, respetivamente. A publicidade a bolachas/bolos era de 13% nos canais infantis, ao passo que nos canais generalistas era apenas de 2%.

Os canais visados pela maioria dos anunciantes indianos de produtos alimentares foram o STAR plus e o Cartoon network, que são canais vistos pela maioria dos indianos da classe média, que são também etnicamente diversos [25]. Além disso, o aparecimento de mais de 50% de anúncios de produtos alimentares durante o horário de visionamento para crianças e famílias e o facto de os anúncios mais exibidos serem de bolos, pizzas e produtos doces são motivo de preocupação.

Existem fortes evidências que sugerem que a publicidade televisiva é o meio mais poderoso que incentiva o consumo de produtos alimentares e bebidas de alto teor energético [26,13], aumenta a frequência das refeições [13], promove a utilização de restaurantes de fast-food [26] e reduz o consumo de fruta e legumes [27]. Estudos anteriores sugerem que os pais acreditam que a visualização da televisão afecta as escolhas nutricionais dos seus filhos e que estes tendem a preferir alimentos não saudáveis, como os snacks [10]. Isto, por conseguinte, torna menos provável que as crianças comam refeições nutritivas.

As alegações de saúde explícitas dos anunciantes são também abundantes, sendo as mais comuns nos canais de televisão tradicionais e infantis. No que se refere aos produtos alimentares anunciados nos canais de televisão tradicionais, foram utilizadas alegações como "Mantém-no saudável", "Torna-o ativo", "Baixo teor de calorias", ao passo que os alimentos e bebidas anunciados nos canais infantis foram referidos como "Torna-o mais alto e mais inteligente", "Mais nutrientes", "Alto teor de proteínas".

Alguns destes anúncios estão em conformidade com a alegação de saúde, na medida em que mencionam o componente efetivo (vitamina ou mineral) que traz o benefício para a saúde. No entanto, algumas das alegações de saúde eram algo exageradas. Estas alegações sugeriam que todo o produto traz o benefício para a saúde, de tal forma que, se o utilizador consumir estes produtos, rapidamente se torna mais inteligente e obtém uma onda de energia mental/cerebral, resultando num fluxo repentino de ideias brilhantes. Além disso, mais de metade dos anúncios com alegações de saúde prometiam um aumento do bem-estar. Isto é enganador, uma vez que o bem-estar é uma área ampla que envolve o equilíbrio do ser mental, social e físico [28].

As técnicas de marketing (como as ofertas de prémios) ou outros atributos da publicidade (como a utilização de endereços Web/números de telefone de contacto) foram previamente identificados na publicidade alimentar televisiva [29]. Foi demonstrado que tais apoios aumentam as taxas de recordação das comunicações de marketing e têm um impacto positivo nas atitudes dos consumidores em relação à marca. Do mesmo modo, no presente estudo, as melhores ofertas, incluindo "compre um e leve outro de graça", foram realçadas pelos supermercados. Além disso, a inclusão de uma referência ao endereço Web da empresa foi utilizada para incentivar os consumidores a saberem mais sobre outros produtos e ofertas.

O presente estudo estaria incompleto se não se referisse ao apoio de celebridades. A maior parte dos anúncios recorreu a celebridades do críquete e do cinema, uma vez que estes dois eventos têm muitos adeptos na Índia. Estudos internacionais também sugerem que as celebridades que aparecem na publicidade reforçam o valor de um produto e aumentam as vendas, porque aumentam a atenção para os anúncios em virtude das pistas visuais e auditivas associadas à aprovação da celebridade e a fama das celebridades estende-se ao produto/marca que estão a aprovar [30,31].

No presente estudo, observou-se que todos os anúncios de refeições da McDonald's incluíam uma referência a um brinquedo gratuito, que é uma das características que tornam os anúncios e produtos da McDonald's tão bem sucedidos, a nível internacional [32].

Aspectos positivos dos meios de comunicação social

Nem todos os programas infantis são "maus" [33]. No início dos anos 2000, Shakthiman, o popular programa infantil que promovia a ideia de que comer frutas e legumes faz com que as crianças cresçam grandes e fortes. Esta influência era um reforço positivo das escolhas alimentares e dos hábitos alimentares que os pais queriam que os seus filhos praticassem. Para os adultos, a televisão pode fornecer um recurso para meios de comunicação social saudáveis, em vez de prejudiciais.

Os principais canais de televisão oferecem constantemente refeições rápidas e menus para famílias ocupadas que, normalmente, também incorporam uma componente saudável. No Food Network, programas como o da dietista registada Ellie Krieger: Healthy Recipes, são fornecidas ideias para pequenos-almoços poderosos e almoços energizantes, bem como jantares saudáveis. As suas colunas de conselhos estão disponíveis em linha para aqueles que procuram mais informações para manter um estilo de vida saudável. Estes recursos não estariam disponíveis sem os media como componente deste processo educativo de aprendizagem.

CONCLUSÕES

Este estudo analisou comparativamente os anúncios alimentares na televisão infantil indiana e nos canais de entretenimento em geral. Os resultados revelam que os anúncios televisivos relacionados com a alimentação na Índia continuam a promover produtos alimentares menos saudáveis. As alegações de saúde enganosas são frequentes. Apenas um pequeno número de anúncios publicitários apresentados diz respeito a alimentos com um elevado teor de nutrientes, tais como alimentos à base de fruta, leite magro e produtos lácteos. A publicidade de alimentos de baixo valor nutricional para as crianças foi predominante. Esta persistência de anúncios a produtos menos saudáveis é motivo de preocupação [34].

No seu conjunto, os resultados do presente estudo sugerem que é necessária uma intervenção legal para reduzir a publicidade de produtos alimentares não saudáveis, especialmente para as crianças. Ao mesmo tempo, poderiam ser envidados esforços para encorajar mais publicidade a alimentos saudáveis. Há boas razões para acreditar que tais medidas melhorariam modestamente a dieta nacional e poderiam, portanto, ajudar a combater a epidemia de obesidade [35].

Os publicitários terão de desenvolver planos de jogo diferentes para grupos etários diferentes, de modo a garantir uma atitude positiva em relação ao próprio anúncio [36]. Os vários elementos dos anúncios publicitários têm de ser meticulosamente escolhidos de modo a obter a combinação adequada de credibilidade e entretenimento. O aspeto da credibilidade dos anúncios tem de ser realmente focado para que os anúncios pareçam credíveis e realistas.

Para o grupo etário mais jovem, o anunciante deve ter em conta o facto de os pais, que também vêem os anúncios, poderem dar o seu ponto de vista realista sobre os anúncios transmitidos e, dada a maior dependência da criança dos pais para compreender o mundo, os anúncios têm de ser mais credíveis. Já para os grupos etários mais velhos, o profissional de marketing deve comunicar as histórias ou imagens que estão em sintonia com informações semelhantes que a criança está a receber de outras fontes, especialmente dos seus pares, em vez de as basear em pura fantasia.

Uma vez que a capacidade de entretenimento do anúncio é bem recebida por todos os grupos etários, os anúncios devem definitivamente ser uma fonte de entretenimento, incorporando elementos como jingles, animação e humor. A comunicação é mais recetiva se for apresentada de uma forma divertida.

REFERÊNCIAS

[1] S.E.Moore, "Children and changing world of advertisement", Journal of Business Ethics. vol. 52, pp 161-167, 2004.

[2] C. Byrd-Bredbenner C, D. Grasso, "O que é que a televisão está a tentar fazer as crianças engolir? Content analysis of the nutrition information in prime-time advertisements", J Nutr Educ. vol. 32, pp 187-195, 2000.

[3] S.C. Folta, J.P. Goldberg, C. Economos, R. Bell, R. Meltzer (2006). "Food advertising targeted at school-age children: A content analysis", J Nutr Educ Behav. vol. 38, pp 244-248, 2006.

[4] J. Lohmann e A.K. Kant, "Comparison of food groups and health claims appearing in food advertisements in 3 popular magazine categories", J Am Dietetic Assn.vol. 100 (1), pp 1396-1399, 2000.

[5] B.J. Blosser e D.F. Roberts , "Age differences in children's perception of message intent - Response to T.V. news, commercials, educational spots and public service announcements", Communications Research. vol. 12 (4) pp 455-64, 1985.

[6] D. Halan, "Advertisements and children", Ad Express, ICFAI Press, Hyderabad, 2003, junho, 21, pp 4.

[7] Barr-Anderson, J. Daheia, Larson, I.Nicole, Nelson, C. Melissa, Neumark-Sztainer, et al, "Does television viewing predict dietary intake five years later in high school students and young adults?", International Journal of Behavioral Nutrition and Physical Activity. vol. 6, pp 7-14, 2009.

[8] F.J.Zimmerman e J.F.Bell, "Association of television content type and obesity in children." Am J Public Health. vol. 100, pp 334-340, 2010.

[9] J.C.G.Halford, J.Gillespie, V.Brown, "Effect of television advertisements for foods on food consumption in children", Appetite. vol. 42, pp 221-225, 2004.

[10] Da Fonseca, "South African parents' perception of television food advertising directed to children", Mestrado em Administração de Empresas, 2010:

MiniDissertação, Universidade do Noroeste, Campus de Potchefstroom.

[11] T.Andreyeva, I.R.Kelly e J.L.Harris, "Exposure to food advertising on television: Association with children's fast food and soft drink consumption and obesity", Econ Hum Biol. vol. 9, pp 221-233, 2011.

[12] Obesity Foundation of India, "Compreender a obesidade infantil". Sítio Web: http://obesityfoundationindia.com/about.htm. Acedido em 25 de maio de 2014.

[13] T.Guran e A.Bekeret, "Epidemia internacional de obesidade infantil e televisão". Minerva Pediatr. vol. 63 pp 483-490, 2011.

[14] M.Dijkstra, E.J.J.M.Heidi, W.Buijtels, "Efeitos separados e conjuntos do meio nas reacções dos consumidores: A comparison of television, print and the internet". J Bus Res. vol. 58, pp 377-386, 2005.

[15] PTI. "Os indianos estão a contribuir para o problema mundial da obesidade". The Times of India. 4 de janeiro de 2014.

[16] M.Raj, K.R.Sundaram, M.Paul, A.S.Deepa, R.K.Kumar, "Obesity in Indian crianças: Time trends and relationship with hypertension". Nat'l Med J India. vol. 20 pp 288-293, 2007

[17] Instituto de Medicina, "Food marketing to children: Threat or opportunity?" (Ameaça ou oportunidade?) Washington DC: 2006, National Academies Press.

[18] Kaiser Family Foundation, "The role of media in childhood obesity". Menlo Park CA: Autor, 2004.

[19] N.Larson e M.Story, "Food and beverage marketing to children and adolescents: What changes are needed to promote healthy eating habits", Princeton NJ: outubro de 2008, Fundação Robert Wood Johnson.

[20] E.Palmer e C.Carpenter, "Food and beverage marketing to children and youth: Trends and issues", Media psychology. Vvl. 8, pp 165-190, 2006.

[21] S.Calvert, "Children as consumers: Advertising and marketing". The Future of

Children. vol.18 pp 205-234, 2008.

[22] D.Kunkel, C.McKinley, P.Wright, "The impact of industry self-regulation on the nutritional quality of foods advertised on television to children", Oakland CA: Children Now, 2009.

[23] K.E.Lear, R.C.Runyan e W.H.Whitaker, "Sports celebrity endorsements in retail products advertising". Int'l J Retail Distrib Manage. vol.37 pp 308-321, 2009.

[24] N.Signorielli, M.Lears (1992), "Television and children's conceptions of nutrition: Unhealthy messages". Health Communication. vol. 4 (4) pp 245257, 1992.

[25] J.S.Panwar e M.Agnihotri, "Advertising message processing amongst urban

children - An Indian experience with special reference to TV advertising". Actas da Conferência de Marketing intitulada Marketing Paradigms for Emerging Economies. Organizada no IIM Ahmedabad em janeiro de 2005.

[26] T.Guran, S.Turan, T.Akcay (2010). "Análise de conteúdo da publicidade alimentar na televisão turca". J paediatr Child Health. vol. 46 pp 427-430, 2010.

[27] K.A.Coon e K.L.Tucker, "Television and children's consumption patterns. A review of the literature". Minerv Pediatr. vol. 54 pp 423-436, 2002.

[28] J.H.Goldstein, L.Pejchar e G.C.Daily, "Using return-on-investment to guide restauração: A case study from Hawaii" Conserv Lett. vol.1 pp 236-243, 2008.

[29] G.Hastings, M. Stead, L.Mc Dermott, "Review of Research on the effects of food promotion to children". Glasgow: Centro de Marketing Social, Universidade de Strathclyde, 2003.

[30] B.Z.Erdogan, "Celebrity endorsement: A literature review". J Marktg Manage. vol.15 pp 291-314, 1999.

[31] W.Gantz, N.Schwartz, J.R.Angelini, "Food for thought- Television food advertising to children in the United States". Washington DC: 2007, The Kaiser Family Foundation.

[32] H.B.Sahud, H.J.Binns, W.L.Meadow. "Marketing fast food: Impacto dos

restaurantes de fast food nos hospitais pediátricos". Pediatrics. vol. 118 pp 2290, 2006.

[33] Mekam Maheshwar e T.Vijayapushpam, "A current appraisal of health and nutrition related claims in Indian children' television food advertisements" [Uma avaliação atual das alegações relacionadas com a saúde e a nutrição nos anúncios televisivos de alimentos para crianças indianas]. J of Social Science Studies. vol. 1 (2) pp 125-135, 2014.

[34] Zandile J Mchiza, Norman J Temple, Nelia P Steyn, Zulfa Abrahams e Mario Clayford. "Análise de conteúdo de anúncios de alimentos na televisão destinados a adultos e crianças na África do Sul". Pub Health Nutr. vol. 16(12) pp 22132220, 2013.

[35] R.F.Fox, "Harvesting Minds: How TV commercials control kids", Westport. CT: Praeger Publishers, 1996.

[36] Pankaj Priya, "Television advertisements and children' buying behavior" (Anúncios televisivos e comportamento de compra das crianças).

Marktg Intell & Plg. vol. 28 (2) pp 151-169, 2010.

QUADRO 1) FICHA DE CLASSIFICAÇÃO DOS ANÚNCIOS ALIMENTARES TRANSMISSOS EM VÁRIOS CANAIS DE TELEVISÃO De 23 a 29 de outubro de 2012

	Produto	N.º de anúncios					Duração do anúncio (em segundos)					Alegações nutricionais e de saúde
		Desenho animado Rede	Disney	Estrela Mais	Gémeos	Total	Desenho animado Rede	Disney	Estrela Mais	Gémeos	Total	
1.	Biscoitos/bolos	61	16	24	-	**102**	1220	430	260	-	**1910**	Saúde completa / Proteína rica.
2.	Chocolate/produtos doces	114	226	122	32	**494**	2790	6530	3570	680	**13570**	Mais nutrientes.
3.	Saúde / bebidas	36	48	76	64	**224**	490	2450	1180	2160	**6280**	Torna-se mais alto

#	Produto											Benefício
	energéticas											e mais nítido.
4.	Produtos lácteos	-	18	138	-	**156**	-	680	4900	-	**5580**	Mantém-no saudável.
5.	Chá / Colfee	-	-	26	34	**60**	-	-	500	600	**1100**	Torna-o ativo.
6.	Produtos à base de cereais/frutos	58	-	64	98	**220**	980	-	2170	2560	**5710**	Cálcio; Hidratos de carbono.
7.	Massa / Macarrão / Pizza	50	42	68	14	**174**	770	1220	1470	300	**3760**	Poucas calorias.
8.	Gotas de batata	12	14	-	-	**26**	190	380	-	-	**570**	-
9.	Óleos / Frutos secos	-	12	18	18	**48**	-	370	600	500	**1470**	Saboroso e saudável.
10.	Outros	74	12	-	12	**98**	1380	380	-	410	**2170**	-
	Total	**406**	**388**	**536**	**272**	**1602**	**7820**	**12440**	**14650**	**7210**	**42120**	

FIGURA 1) PERCENTAGEM DE DURAÇÃO DOS ANÚNCIOS EM SEGUNDOS

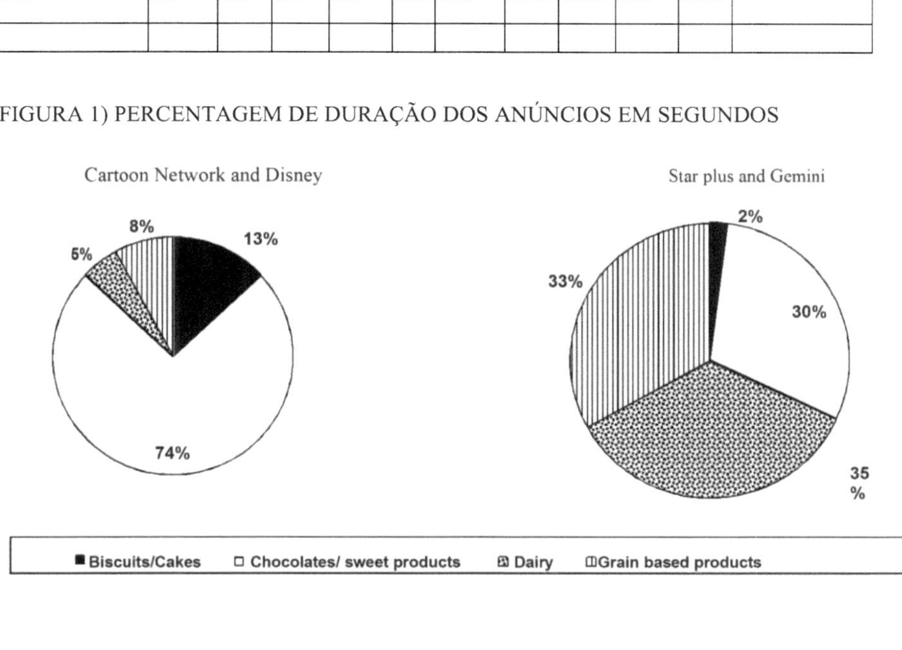

Chapter 3

UMA ANÁLISE COMPARATIVA DA COBERTURA DA CIÊNCIA DA NUTRIÇÃO PELOS JORNAIS DIÁRIOS INDIANOS POPULARES

Resumo: Este estudo avalia a cobertura de tópicos relacionados com a nutrição pelos principais *jornais* de língua inglesa e telugu na Índia durante seis meses e analisa comparativamente o número de artigos, os recursos visuais e a prioridade na atribuição de espaço. As reportagens sobre nutrição foram classificadas em 16 subtemas com base na frequência do seu conteúdo, incluindo alimentos naturais, obesidade, frutas e legumes, alimentos de origem animal e bebidas. Os diários ingleses deram mais cobertura à obesidade, às bebidas e aos chocolates, enquanto os diários Telugu se limitaram sobretudo aos alimentos tradicionais, promovendo o consumo de alimentos naturais. Comparativamente, os diários ingleses publicaram mais reportagens nas páginas editoriais, nas primeiras páginas e como itens de caixa para chamar a atenção dos leitores de forma significativa (*P<0,01*) do que os diários Telugu. O método de análise descritiva foi utilizado como parâmetro para a classificação dos artigos. A fiabilidade da concordância entre os vários avaliadores foi analisada através da aplicação do *teste kappa de Cohen.* Verificou-se que poucos relatórios sobre nutrição se baseavam em fontes de informação não autênticas. Observou-se que dois jornais diários ingleses deram demasiada importância a alguns resultados de investigação. Para evitar a publicação de tópicos relacionados com a nutrição nos meios de comunicação impressos, é necessário um esforço de sinergia entre jornalistas e cientistas no domínio das ciências da alimentação e da nutrição.

Palavras-chave: Nutrição, jornalistas, cientistas, jornais diários indianos.

INTRODUÇÃO

Os jornais desempenham um papel vital na comunicação sobre saúde, divulgando conhecimentos sobre vários aspectos da informação relevante para a comunidade (Fineberg e Rowe, 1998). Apesar do advento dos canais noticiosos de televisão e das notícias na Internet, os meios de comunicação impressos não perderam a sua importância. Na Índia, a circulação de *jornais* aumentou cerca de 33% entre 2001 e 2005 e a Índia é o maior mercado de *jornais* do mundo, com 107 milhões de vendas diárias (WAN, 2006). *Os jornais* são uma fonte importante de informação científica sobre saúde e nutrição para muitos leitores (Borra et al., 1998; Houn et al., 1995; Begley e Cardwell, 1996; Smith, 1996; Frost e Frank, 1997; Voelker, 1998). Os meios de comunicação social devem ser considerados como um instrumento suscetível de influenciar o comportamento da comunidade (Grill et al., 2005). Por conseguinte, a divulgação de notícias sobre medicina, saúde pública e ciências da nutrição é uma área de preocupação para muitos cientistas sociais e da saúde (Evette e Gaile, 1999).

Ciência e media

A cobertura dos meios de comunicação social, incluindo os pontos de vista e os conteúdos expressos pelos jornalistas e especialistas na matéria nas páginas editoriais, pode afetar positiva ou negativamente os aspectos da saúde (Felicity Goodyear-Smith et al, 2007). No entanto, não é raro que alguns dos relatórios sobre temas de nutrição publicados na imprensa escrita careçam de base científica ou de informação aceitável. Os meios de comunicação social dão mais ou menos ênfase a certos aspectos dos temas científicos por várias razões, como a concorrência para atrair leitores e também para proteger interesses comerciais (Meyer, 1990). A informação noticiosa sobre aspectos da saúde, incluindo a nutrição, é também motivada pela raridade, novidade e viabilidade comercial, mais do que pela preocupação com o risco relativo para a saúde (Adams, 1992). Muitas vezes, este facto contribui para confundir os leitores, para além de gerar desinformação. A leitura da literatura sobre a análise de conteúdo das notícias relacionadas com a saúde na imprensa escrita não revelou adequadamente a quantidade e a qualidade da cobertura de temas específicos da nutrição. Por conseguinte, foi efectuado um estudo para investigar os tipos de imagens e representações da ciência da nutrição na imprensa escrita indiana popular. O objetivo é descrever e analisar a forma como os temas relacionados com a nutrição são apresentados quantitativa e qualitativamente na imprensa escrita. O telugu é a língua mais falada de todas as línguas regionais da Índia (Censo Populacional da Índia, 1992) e também a língua predominante do Estado de Andhra Pradesh, uma das províncias do sul da Índia com uma população de cerca de 80 milhões de habitantes. Por conseguinte, no presente estudo, foi efectuada uma análise comparativa dos temas relacionados com a nutrição publicados nos jornais diários ingleses e telugu.

MÉTODOS

Neste estudo, os tópicos relacionados com a nutrição (NUTRE) são definidos como qualquer informação (excluindo anúncios) publicada nos *jornais* que permita aos seus leitores obter benefícios em termos de nutrição, seguindo as sugestões ou o resumo da informação. A palavra "artigo" utilizada ao longo deste documento inclui notícias, artigos de fundo, dicas, entrevistas, resultados de investigações/inquéritos, receitas (com especial referência à nutrição), colunas de opinião e editoriais publicados nos *jornais*. Os títulos ou o texto do artigo que menciona palavras relacionadas com a ciência da nutrição, como proteínas, vitaminas, minerais, alimentos e dieta, são considerados artigos NUTRE.

Com base nos dados de circulação, foram seleccionados para este estudo seis *jornais* de referência (três de cada língua). Assim, foram seleccionados para análise os diários ingleses *Deccan Chronicle*, com uma circulação líquida diária paga de 6,00,808 exemplares, *The Hindu* (3,91,680), *Times of India* (1,66,306) e os diários Telugu *Eenadu* (10,83,167 exemplares diários), *Andhra Jyothi* (3,72,222) e *Andhra Bhumi* (1,07,133). Em termos de circulação, estes seis *jornais* indicam a sua popularidade na Índia (ABC, 2006). Foi realizado um estudo longitudinal durante seis meses, entre 1st de setembro de 2007 e 29th de fevereiro de 2008. Durante o período de estudo, 179 exemplares de cada *jornal*, num total de 1 074 exemplares, foram seleccionados para artigos NUTRE.

Para efeitos de análise, foi atribuída uma nota específica a cada artigo NUTRE com base na prioridade da sua aparência ou estilo de apresentação e no grau de possibilidade de captar a atenção dos leitores. Um texto de uma ou duas frases sobre nutrição que apareça como um enchimento num canto do *jornal* não pode ser equiparado a um artigo NUTRE publicado na primeira página ou na secção da revista de domingo com destaque. Assim, foi atribuída a nota máxima "A", com uma pontuação de 4, a cada artigo NUTRE que aparecia com destaque e a nota mínima "D", com apenas uma pontuação, aos artigos que apareciam com menos importância (Quadro 1).

Classificação dos artigos relacionados com a nutrição

Para efeitos de análise comparativa, foram identificados os seguintes 16 temas relacionados com a ciência da nutrição publicados nos *jornais:*

1. Cereais/ leguminosas/ painço

2. Óleos/gorduras/nozes

3. Leite/ovos/carne/peixe

4. Frutas e legumes

5. Vitaminas e minerais

6. Dieta equilibrada

7. Alimentos sazonais

8. Chocolates/ gelados

9. Bebidas

10. Nutrição infantil

11. Excesso de peso/obesidade

12. Dieta para manter a beleza

13. Aditivos alimentares

14. Comida de plástico

15. Dieta para combater as doenças

16. Outros

Análise estatística

A classificação dos artigos foi pré-testada de forma independente por quatro peritos no domínio da nutrição e da comunicação. Todos os peritos classificaram artigos NUTRE seleccionados aleatoriamente com base nos parâmetros acima referidos. O teste estatístico kappa de Cohen foi utilizado para medir a fiabilidade entre codificadores e observou-se uma consistência significativa na atribuição de pontuações pelos peritos (P<0,01). A classificação por graus foi utilizada para avaliar a fiabilidade da concordância entre os vários avaliadores. A correlação intra-grau foi superior a 0,9, indicando assim a existência de uma correlação significativa (P<0,01) entre os quatro peritos.

RESULTADOS

Um total de 667 artigos NUTRE (quadro 2) apareceu nos seis jornais diários, incluindo Deccan Chronicle, The Hindu, Times of India, Eenadu, Andhra Jyothi e Andhra Bhumi, durante o período de estudo. Globalmente, os jornais Telugu, Eenadu, Andhra Jyothi e Andhra Bhumi cobriram, em conjunto, um maior número de artigos (345) do que os diários ingleses (322) durante o período. Individualmente, os dois principais diários Telugu, Eenadu e Andhra Jyothi, cobriram mais artigos NUTRE do que os jornais ingleses. Entre os diários Telugu, o Eenadu cobriu 170 artigos NUTRE, seguido do Andhra Jyothi com 133 artigos. Entre os diários ingleses, o Deccan Chronicle publicou 128 artigos, seguido do The Hindu com 101 artigos e do Times of India com 93 artigos. O Andhra Bhumi publicou apenas 42 artigos sobre o NUTRE. Os jornais ingleses parecem mais inclinados a publicar artigos sobre bebidas alcoólicas. Em particular, o Deccan Chronicle e o Times of India publicaram um maior número de artigos (12 e 6, respetivamente) sobre o álcool de uma forma que se relaciona com o tema da saúde e da nutrição. Nos jornais diários Telugu, apenas um artigo (Andhra Jyothi) foi publicado sobre álcool.

Análise quantitativa

Notas

As notas e pontuações dos artigos NUTRE são apresentadas no Quadro 3. Com base na classificação atribuída a cada artigo, o Eenadu obteve um total de 405 pontos, seguido do Andhra Jyothi com 352 pontos, do Deccan Chronicle com 313 pontos, do The Hindu com 294 pontos, do Times of India com 262 pontos e do Andhra Bhumi com apenas 94 pontos. No que respeita à classificação, os jornais diários ingleses, no seu conjunto, obtiveram uma pontuação ligeiramente superior (869) à dos jornais Telugu (851) no que respeita à cobertura dos artigos NUTRE.

Observou-se que os diários ingleses, apesar de terem publicado um número ligeiramente inferior de artigos NUTRE, obtiveram uma classificação mais elevada do que os Telugu, o que indica que os diários ingleses deram mais destaque aos artigos NUTRE do que os jornais Telugu. Além disso, os jornais ingleses mantiveram um equilíbrio na apresentação dos artigos NUTRE em diferentes graus. O Hindu e o Times of India cobriram cerca de 50% dos artigos NUTRE de grau B e os restantes 50% dos artigos de graus A e C de forma quase igual (quadro 3). O Hindu e o Times of India publicaram um número significativo de artigos sobre o NUTRE no grau A, o que indica a maior preferência, ao passo que os diários Telugu não deram esse destaque. Além disso, um número significativo de artigos sobre a NUTRE nos jornais diários Telugu apareceu no grau D, o que denota uma menor importância.

O Eenadu e o Andhra Jyothi publicaram a maioria dos artigos de grau B e C. Os artigos NUTRE de grau D são insignificantes no The Hindu e no Times of India. Ao mesmo tempo, o texto dos artigos NUTRE nos jornais ingleses ocupa mais colunas do que nos diários Telugu. Tal como se reflecte na contagem de palavras, os diários ingleses, embora tenham publicado menos artigos NUTRE, têm mais texto.

Visuais

Entre todos os jornais, os diários Telugu publicaram mais imagens juntamente com os artigos NUTRE, em comparação com os ingleses (Quadro 2). Todos os três diários

Telugu publicaram um maior número de imagens juntamente com o texto dos artigos. O Eenadu publicou um total de 278 imagens contra 170 artigos sobre tópicos NUTRE, seguido do Andhra Jyothi com 179 imagens contra 133 artigos. O Andhra Bhumi, embora tenha publicado menos artigos sobre NUTRE (42), publicou 67 imagens, o que representa um aumento de 60%. Foi significativamente observado que os jornais Telugu apresentavam, em média, cerca de dois elementos visuais por artigo e raramente se encontrava um artigo NUTRE sem um elemento visual. Nomeadamente no Eenadu e no Andhra Jyothi, mesmo uma mensagem de coluna única sobre nutrição incluía uma fotografia adequada. Nos diários ingleses, a maioria dos artigos sobre tópicos NUTRE não tinha imagens.

Página de aparência

Os jornais Telugu adoptaram um modo de apresentação distinto na publicação dos temas NUTRE. Nos três jornais diários Telugu, os artigos sobre nutrição apareciam maioritariamente na página da saúde ou na página das mulheres, o que indica que estes artigos se destinavam a leitores-alvo (Quadro 2). Mais de 75% dos artigos sobre NUTRE no Andhra Jyothi e cerca de 66% no Eenadu apareceram na página da saúde ou na página das mulheres. No Andhra Bhumi, à exceção de um, todos os artigos sobre NUTRE apareceram apenas na página das mulheres, como se se tratasse de um assunto feminino. Os três jornais ingleses não têm uma página exclusiva para mulheres, mas publicam uma coluna ou uma página separada exclusivamente para artigos relacionados com a saúde. Exceto o Deccan Chronicle (no qual exatamente metade dos artigos NUTRE apareciam na coluna da saúde), os outros dois diários, o Hindu e o Times of India, publicavam estes artigos sobretudo noutras páginas. No entanto, uma caraterística notável do Hindu e do Times of India foi o facto de ambos os jornais apresentarem um número significativo de artigos NUTRE na sua secção de revistas de domingo. Normalmente, qualquer artigo que apareça na secção dominical de um jornal diário goza do privilégio de ter um maior número de leitores do que nos dias normais, uma vez que a circulação destes jornais é maior ao domingo. Nos jornais Telugu, os artigos sobre a NUTRE apareciam frequentemente, independentemente do dia da semana.

Forma de apresentação

A maior parte da informação sobre NUTRE publicada em todos os jornais objeto do estudo foi sob a forma de artigos de fundo (210) e conselhos (124). Os resultados de investigações/investigações (155 artigos) foram significativamente divulgados no domínio da nutrição (Quadro 4). Em particular, no Deccan Chronicle, de um total de 128 artigos NUTRE publicados, 56 referiam-se aos resultados de uma investigação ou inquérito no domínio da nutrição. Durante o período de estudo, embora tenha sido publicado um total de 225 artigos sobre receitas, apenas 55 desses artigos foram identificados com ênfase na importância da nutrição.

Análise qualitativa

De um modo geral, o tema das frutas e legumes foi amplamente abordado e apareceu com mais frequência em todos os jornais diários do estudo. Em termos temáticos, os frutos e legumes obtiveram o primeiro lugar (176 artigos) e o "excesso de peso/obesidade" ocupou um distante segundo lugar, com 75 artigos

(Quadro 5). Este fenómeno foi observado em todos os jornais de forma uniforme, independentemente dos números de circulação e da língua dos meios de comunicação. Em média, de cada quatro artigos sobre o NUTRE publicados nos jornais, um pertence ao tema dos frutos e legumes. O Andhra Bhumi, embora tenha dado menos cobertura aos artigos sobre o NUTRE, concentrou-se mais frequentemente no tema dos frutos e produtos hortícolas do que os outros jornais diários.

De um total de 42 artigos NUTRE que apareceram no Andhra Bhumi, 38% deles tratavam apenas de frutas e legumes. De todos os tipos de artigos NUTRE, a cobertura do tema do excesso de peso/obesidade foi maior nos diários ingleses do que nos jornais Telugu. A percentagem de artigos sobre excesso de peso/obesidade publicados nos três diários ingleses foi de 14%, contra apenas 8% no trio de diários Telugu. A página editorial reflecte os pontos de vista do jornal, que normalmente se dirige até aos decisores políticos. Num espaço tão importante, o Times of India publicou quatro artigos sobre nutrição num período de apenas seis meses! Exceto um artigo em cada um dos jornais Hindu e Andhra Bhumi, nenhum outro jornal abordou o tema da nutrição nas suas páginas editoriais.

Os jornais diários Telugu parecem estar muito avançados na divulgação de conhecimentos sobre frutos e legumes. Para além da informação de rotina sobre "nutrição e frutos", ocasionalmente, publicaram ângulos diversificados de frutos e legumes em profundidade para despertar o interesse dos leitores. Para citar alguns dos artigos interessantes:

1. Uma das raras informações sobre os valores nutricionais dos frutos e legumes de cor preta disponíveis em todo o mundo foi compilada e apresentada com o título "Nalupe Nanyam" (Qualidade apenas em preto) na secção da revista Eenadu Sunday com 23 fotografias a cores.

2. A Organização das Nações Unidas (ONU) declarou 2008 como o "Ano da Batata". Mas, exceto no diário regional Telugu Eenadu, este tema não teve qualquer cobertura em nenhum jornal. No início do ano, a capa da secção dominical da revista Eenadu, intitulada "Alugadda Nama Samvathsare" (Ano da Batata), com mais de uma dúzia de fotografias a cores, cobria exaustivamente numerosos factos desconhecidos sobre a batata, desde a sua invenção na terra, valores nutricionais, tipos de utilização em todo o mundo até ao seu papel na economia agrícola atual, o que certamente desperta o interesse dos leitores.

3. Uma reportagem fotográfica com um design atrativo apareceu de novo na Eenadu, com 21 fotografias a cores intituladas "Thaja Phalam" (Frutos frescos), apresentando aos leitores 26 tipos de frutos e legumes normalmente disponíveis no mercado local. O destaque desta rubrica especial vai para o facto de os valores nutricionais de cada fruto/vegetal serem explicados em apenas uma ou duas frases simples numa caixa separada, cada uma delas com uma apresentação e um design impressionantes. Este tipo de recortes de papel é útil para que os leitores o conservem para consulta futura.

4. Na primeira página do Andhra Jyothi, foi publicada uma notícia exclusiva

intitulada "Thiyyani Visham" (Doce veneno), baseada num relatório científico que advertia contra o consumo de frutos importados, uma vez que tal poderia prejudicar a saúde dos consumidores devido aos conservantes químicos utilizados nos mesmos. Um artigo mais abrangente intitulado "Preservatives tho paara hushaar" (Esteja alerta com os alimentos com conservantes), da autoria de uma nutricionista, publicado no Andhra Jyothi, era educativo e apresentado de forma impressionante aos leitores.

5. As conclusões de um estudo de referência realizado pelo Fundo Mundial de Investigação do Cancro sobre 7 000 casos de cancro nos últimos 40 anos foram publicadas no Times of India com o título "Cancro ligado a uma dieta pobre e à obesidade". Neste artigo, para evitar o risco de cancro, foram dadas recomendações cruciais de forma crocante e cativante, permitindo que os leitores se lembrem facilmente.

Uma constatação dececionante do estudo foi o facto de não ter aparecido em nenhum dos jornais, durante todo o período de estudo de seis meses, uma única carta dos leitores sobre o aspeto nutricional. O Times of India publicou um editorial em que exprimia a sua opinião de que é muito difícil seguir hábitos alimentares nutritivos completos e prolongados e ridicularizava as prescrições dietéticas habitualmente dadas para uma saúde completa. Além disso, vários artigos sobre álcool, chocolates e pizzas publicados em jornais ingleses e telugu foram considerados típicos e poderiam confundir os leitores. Para citar alguns:

a) Uma investigação publicada no Deccan Chronicle com o título "Beer after workout is better" (Figura 1) é uma dessas notícias, que pode gerar confusão entre os leitores. Foi referido que uma investigação realizada num grupo de 25 estudantes pela Universidade de Granada, em Espanha, provou que a cerveja depois do exercício físico era "ligeiramente melhor". Passados três dias, apareceu um outro artigo no mesmo jornal intitulado "Water wins over beer any day" (Figura 2), no qual um nutricionista, um consultor sénior de medicina desportiva e um consultor de fitness de Hyderabad, na Índia (de onde o jornal é publicado), expressavam um forte desacordo com os resultados da investigação da Universidade de Espanha.

b) Um resultado de investigação apareceu no Deccan Chronicle com o título "O chocolate preto é bom para a saúde" (Figura 3). Um outro artigo publicado alguns dias depois no mesmo Deccan Chronicle tem a legenda "Chocolates maus para os ossos" (Figura 4).

Embora tenha sido mencionado que ambos os artigos se baseavam nos resultados de dois estudos diferentes, apenas o último artigo (chocolates maus para os ossos) contém pormenores sobre o local e as pessoas que realizaram a investigação, incluindo o nome da revista em que o estudo foi publicado. No entanto, o artigo que defende a bondade dos chocolates não contém a fonte de informação correcta.

A esta introdução seguiram-se as opiniões de dois nutricionistas e dois médicos de clínica geral, que se mostraram cépticos em relação às alegações do fabricante de chocolate e manifestaram apreensão quanto aos seus benefícios para a saúde. O artigo refere ainda que um médico chegou a alertar para o facto de o chocolate poder desencadear crises de enxaqueca em pessoas propensas a esta doença. Com este tipo de conteúdo, este artigo foi intitulado "Chocolate saudável ainda não é aceite" (Figura 7) e concluído com uma frase que diz ... "Mas certamente, um pequeno pedaço de delicioso chocolate preto não faria mal". Este artigo é, por si só, auto-contraditório.

e) Num artigo intitulado "Soundarya Pizzalu" (Pizzas para a beleza) publicado no Andhra Jyothi (Figura 8), pode ler-se que "o exercício físico e a maquilhagem não são necessários para se ter uma aparência bonita, se se consumir pizzas regularmente, pode-se evitar rugas no rosto". A investigação efectuada por um estudante universitário e pelo proprietário de um hotel (sem citar nomes e locais) foi mencionada como fonte de informação para este artigo. Nem sequer se descreveu como e com que material são feitas as pizzas, o que poderia prevenir as rugas no rosto, como afirmaram. Este artigo baseia-se obviamente em informações não autênticas.

DISCUSSÃO

A comunicação científica num mundo em desenvolvimento como a Índia desempenha um papel crucial no progresso global do país. A Índia é um país multilingue, onde os jornais de língua inglesa e regional também dominam o mercado de leitores (ABC, 2006). Os jornais de língua regional são mais populares entre os leitores menos instruídos, com um contexto económico que consiste sobretudo em grupos de rendimentos médios e baixos, tanto nas zonas rurais como nas urbanas. Ao mesmo tempo, a prevalência de subnutrição geral também foi observada como sendo mais elevada entre os grupos de rendimento baixo (NNMB Survey, 2006; Basiotis et al., 2002) e médio (James et al., 1997; Davey e Brunner, 1997). Por outro lado, os leitores de jornais em inglês são maioritariamente urbanos e têm um melhor estatuto socioeconómico do que os leitores de jornais em línguas regionais. Observou-se que a prevalência de excesso de peso e obesidade é mais elevada nas zonas urbanas do que nas zonas rurais (Kaur et al., 2005). Tendo isto em conta, seleccionámos jornais em língua telugu para este estudo, juntamente com jornais em língua inglesa, de modo a representar dois perfis de leitores diferentes, com a possibilidade de enfrentarem dois problemas nutricionais extremos, incluindo a subnutrição e o excesso de peso/obesidade.

Os resultados do estudo evidenciam uma clara variação entre os jornais diários ingleses e telugu em termos de percentagem de cada tópico nutricional que cobriram. Os jornais diários Telugu publicaram uma maior percentagem de artigos sobre alimentos naturais que promovem o consumo de frutas, legumes e também de cereais, leguminosas, painço e dieta equilibrada do que outros entre todos os tópicos de nutrição. Os jornais ingleses, para além dos frutos e legumes, publicaram mais artigos sobre obesidade, alimentos transformados como chocolates, gelados e bebidas, incluindo licores, do que sobre outros temas. Esta tendência de cobertura representa indiretamente o perfil social, económico e de saúde dos leitores de jornais na Índia.

Tradicionalmente, os meios de comunicação impressos também têm sido utilizados pelos comunicadores de saúde para fins de educação nutricional (Kami et al., 2008). No presente estudo, parece que os jornais ingleses foram um pouco além das linhas tradicionais, ao passo que os diários Telugu se mantêm fiéis aos conselhos nutricionais habituais. O Times of India e o Deccan Chronicle publicaram frequentemente artigos sobre os benefícios do vinho e do vinho tinto para a saúde e até conselhos nutricionais para ultrapassar a ressaca no dia seguinte. Observou-se que, à exceção de um artigo no Andhra Jyothi (que alertava para o consumo excessivo de cerveja na véspera do dia de Ano Novo), os jornais Telugu não tinham publicado qualquer artigo sobre bebidas alcoólicas relacionado com a saúde e a nutrição.

Os jornais fornecem grande parte da informação sobre saúde e ciência ao público (Wright, 1975), e a forma como a imprensa traduz os escritos científicos (relatórios) em notícias tem muitas facetas. A seleção pela imprensa de uma pequena fração do conjunto total de trabalhos científicos disponíveis e o potencial impacto desta informação selectiva na consciência e compreensão do público sobre os factores de saúde merecem ser comentados. Os leitores do Deccan Chronicle e do Times of India foram informados, em diferentes artigos, sobre os resultados de uma investigação que afirmava que o consumo de chocolates era benéfico para a saúde e os mesmos jornais publicaram, com um intervalo de poucos dias, artigos com resultados que advertiam que os chocolates eram prejudiciais para os ossos. A imagem contraditória do estado dos conhecimentos sobre este tipo de questões não é nova na imprensa escrita e é considerada uma tendência universal. Anteriormente, estudos semelhantes sobre a relação entre o álcool e o cancro indicavam este tipo de inconsistências. Num ano, dizia-se que o consumo moderado de álcool pode aumentar o risco de cancro da mama (Foreman, 1978; Nelson, 1987; Johnson, 1987) e, no ano seguinte, que não há risco acrescido com o consumo moderado de álcool (Edwards, 1988; Kolata, 1988). Nestas circunstâncias, o público não só fica confuso como pode até sentir-se mal orientado (Angell e Kassirer, 1994). Idealmente, deveria ser dada mais ênfase à comunicação de tendências na investigação do que à comunicação isolada de estudos únicos (Winsten, 1985). A responsabilidade pelo progresso nesta direção cabe não só à imprensa mas também aos cientistas (Meyer, 1990).

c) O jornal Times of India, na sua página exclusiva sobre saúde, apresentou a seguinte lista: "Health benefits of chocolate" (Figura 5), baseada num estudo não citado, na coluna das dicas. O mesmo jornal publicou outro artigo intitulado "Está a ficar com os joelhos fracos? Deve ser por causa da quantidade de chocolates que come" (Figura 6), no qual se mencionava o nome do investigador e o local. Observou-se que os artigos que alegavam a bondade ou os benefícios para a saúde dos chocolates não mencionavam uma fonte de informação autêntica, enquanto os artigos que alertavam para o consumo de chocolates eram reforçados com a fonte de informação correcta.

d) Outro artigo de quatro colunas com uma fotografia a cores publicado no Deccan Chronicle vai contra os desejos de nutricionistas e médicos, desde a legenda até à conclusão. Este artigo começa com a introdução de que o fabricante de chocolate londrino afirma que apenas dois pequenos pedaços do produto da sua marca contêm mais antioxidantes do que meio quilo de couves-de-bruxelas ou meio quilo de maçãs.

IMPLICAÇÕES PARA A INVESTIGAÇÃO E A PRÁTICA

Os resultados actuais revelaram que a informação sobre NUTRE apresentada pelos meios de comunicação social é muitas vezes sobrevalorizada, o que pode confundir os leitores. Embora o aparecimento deste tipo de informação seja raro, não pode ser considerado insignificante, uma vez que os meios de comunicação social têm uma influência potencial sobre os leitores. Espera-se que a informação que aparece num jornal diário seja autêntica, especialmente no que diz respeito à ciência da saúde e da nutrição. Os cientistas da comunicação deveriam fazer mais investigação sobre a forma como a investigação em matéria de saúde pública é divulgada pelos meios de comunicação social. Devem também assumir um papel mais ativo na garantia de uma divulgação responsável de resultados científicos importantes. O estudo sublinha ainda a necessidade de esforços sinergéticos entre os jornalistas que cobrem temas de saúde e os peritos no domínio da alimentação e da nutrição, a fim de evitar que os temas relacionados com a nutrição sejam excessivamente realçados na imprensa escrita.

REFERÊNCIAS

ABC (Audit Bureau of Circulation) (2006). Relatório periódico: julho-dezembro.

Adams WC (1992). The role of media relations in risk communication. PubL. Relat Quest, 37: 28-32.

Angell M, Kassirer JP (1994). Investigação clínica - em que é que o público deve acreditar? N Engl. J. Med., 331: 189-190.

Basiotis PP, Carlson A, Gerrior SA, Juan WY, Lino M (2002). The Healthy Eating Index: 1999-2000. Departamento de Agricultura dos EUA, Centro de Política e Promoção da Nutrição. CNPP-12.

Begley A, Cardwell G (1996). The reliability and readability of nutrition information in Austarlian women's magazines. Austr .J. Nutr. Diet., 53:160-166.

Borra ST, Earl R, Hogan EH (1998). A escassez de notícias sobre nutrição e segurança alimentar que pode utilizar revela uma oportunidade para os profissionais de dietética. J Am. Diet Assoc., 98: 190-193.

Davey SG, Brunner E (1997). Socio-economic differentials in health: the role of nutrition. Proc. Nutr. Soc., 56: 75-90.

Edwards DD (1988). Breast cancer's link to alcohol assailed. Sci. N., 133: 242.

Evette MH, Gaile LM (1999). Avaliação de notícias de jornais sobre investigação relacionada com a nutrição. J, Am, Diet Assoc., 99: 1564-1566.

Felicity G-S, Helen P-H, Colleen V, Nikki Turner, Stephen R (2007). Immunization in the print media-Perspectivas apresentadas pela imprensa. J. Health Commun, 12: 759770.

Fineberg HV, Rowe S (1998). Melhorar a compreensão do público: Guidelines for communicating emerging science on nutrition, food safety and health. J National Cancer Inst., 90: 194-200.

Foreman J (1978). Alcohol tied to breast cancer, 2 studies find even 3 drinks a week heighten risk. Boston Globe. maio, 7: 1.

Frost K, Frank E (1997). Relative risk in the news media: a quantification of misrepresentation (Risco relativo nos meios de comunicação social: uma quantificação da deturpação). Am. J. Publ. Health, 87: 842-845. Grill R, Ramsay C, Minozzi S (2005). Mass media interventions: Systematic review. Cochrane Database Syst. Rev., 1: 1-27.

Houn F, Bober MA, Huerta EE, Hursting SD, Lemon S, Weed DL (1995). The Association between alcohol and breast cancer: popular press coverage of research. Am. J. Publ. Health, 85: 1082-1086.

James WPT, Nelson M, Leather S (1997). A contribuição da nutrição para as desigualdades na saúde. Br. Med. J., 314: 1545-1549.

Johnson G (1987). Novas provas que ligam o álcool ao cancro da mama. New York Times. maio, 10: 5.

Kami JS, John S, Brian W, Nicole K, Mildred AH, Aylin S (2008). Increasing Nutrition Literacy : Testing the Effectiveness of Print, Web site, and Game Modalities [Aumentar a literacia nutricional: testar a eficácia das modalidades de impressão, sítio Web e jogo]. J Nutr. Educ. Behav., 40: 3-10.

Kaur S, Kapil U, Singh P (2005). Pattern of chronic diseases amongst adolescent obese children in developing countries (Padrão de doenças crónicas entre crianças adolescentes obesas nos países em desenvolvimento). Curr. Sci., 88: 1052-1056.

Kolata G (1988). Novo estudo não encontra qualquer associação entre o álcool e o cancro da mama. New York Times. março, 21: A14.

Meyer P (1990). A reação dos meios de comunicação social à saúde pública. In: Atkin C. Wallack L, eds. Mass Communication and Public Health, Newbury Park, California: Sage Publications, pp. 52-59.

Nelson H (1987). Evidence reported in NEJM suggests alcohol consumption significantly increases a woman's chances of developing breast cancer. Los Angeles Times. maio, 7: 1.

Inquérito do NNMB (Gabinete Nacional de Monitorização da Nutrição) (2006). Dieta e estado nutricional da população e prevalência de hipertensão entre adultos em áreas rurais. Publicado pelo Instituto Nacional de Nutrição, Conselho Indiano de

Investigação Médica.

Recenseamento da população da Índia (1992).

Smith R (1996). Three rules to cut the hype. Br. Med J., 312: 983. Voelker R (1998). Getting the story straight on nutrition. J. Am. Med.Assoc., 279: 417.

Relatório da WAN (Associação Mundial de Jornais) (2006).

Winsten JA (1985). A ciência e os media, os limites da verdade. Health Aff., 4: 523.

Wright WR (1975). Mass media as sources of medical information. J. Commun., 25: 171-173.

Tabela 1. Parâmetros de classificação de relatórios/artigos sobre ciência da nutrição.

Grau A: Pontuação 4/ por artigo	Grau B: Pontuação 3/ por artigo	Grau C: Pontuação 2/ por artigo	Grau D: Pontuação 1/ por
Os temas NUTRE apareceram em	Artigos NUTRE	Artigo da NUTRE	Artigo da NUTRE
Primeira página da página principal do jornal/ tabloide da cidade	Descrição com mais do que uma imagem/gráfico/tabela	A descrição com apenas um elemento visual ocupou menos de 1/5_{th} espaco da página	Descrição de apenas uma coluna sem qualquer imagem
Reportagem de capa da revista de domingo ou de outros suplementos especiais	Cobriu 1/5_{th} espaço da página, incluindo o visual	Apenas uma imagem com legenda, sem descrição	Consiste apenas num elemento visual sem uma legenda/descrição adequada
Interior da revista dominical com pelo menos um elemento visual	Destinadas a prevenir/combater ou prevenir doenças/obesidade/fadiga/envelh	Uma menção num artigo sobre saúde ou outros assuntos	Embora o conteúdo tenha uma base científica, não é aplicável / praticável no contexto indiano
Página editorial, coluna de cartas ao editor	Destacou apenas um único alimento rico em nutrientes ou alertou para os alimentos nocivos	Abrangido como um evento / relatórios de investigação / inquérito / informativo	Conselhos para aumentar o valor ou nutritivo dos alimentos

Se um artigo for classificado em mais do que um grau, foi-lhe atribuído o grau mais elevado.

Tabela 2. Número de reportagens sobre ciência da nutrição publicadas em diferentes *jornais*

	Deccan	O Hindu	Times of India	Eenadu	Andhra Jyothi	Andhra Bhumi	Total
Total de artigos publicados	128	101	93	170	133	42	667
N.º de palavras no texto	33,231	33,767	25,003	31,464	26,886	20,901	1,71,252
N.º de imagens	99	89	92	278	179	67	804
Apareceu							
Secção da revista de domingo	3	18	14	9	1	0	45
Página de saúde	64	20	34	39	51	0	208
Página feminina	NA	NA	NA	72	50	41	163
Primeira página	5	1	2	1	3	0	12

Tabela 3. Pontuações atribuídas aos relatórios sobre Ciência da Nutrição com base nas suas notas

Notas e taxa de pontuação	Crónica de	O Hindu	Timesofindia	Eenadu	Andhra Jyothi	Andhra Bhoomi

	Número de artigos	Pontuação	Número de artigos	Pontuação	Número de artigos	Pontuação	Número de artigos	Pontuaçã	Número de artigos	Pontuação	Número de artigos	Pontuação
Grau A (S∞re em 4 por	9	36	21	84	20	80	8	32	4	16	1	4
Grau B (Pontuação de 3 por	62	186	53	159	42	126	77	231	90	270	14	42
Grau C (Pontuação de 2 por	34	68	24	48	25	50	57	114	27	54	21	42
Grau D (Pontuação de 1 por	23	23	3	3	6	6	28	28	12	12	6	6
Total	128	313	101	294	93	262	170	405	133	352	42	94

Tabela 4. Tipos de diferentes artigos relacionados com a nutrição

Jornal de notícias	Artigos de	Dica	Perguntas e respostas	Investigaç ão/inquéri	Receita	*I/S/E	Editorial	Cartas	Ref. artigos	Crítica de	Outros	Número total de artigos
Crónica de	31	17	1	56	8	3	0	0	6	0	6	128
O Hindu	41	0	1	18	17	14	1	0	8	0	1	101
Times of India	27	12	0	26	8	7	4	0	5	1	3	93
Eenadu	41	52	9	29	10	18	0	0	8	0	3	170
Andhra Jyothi	44	36	2	25	8	12	0	0	5	0	1	133
Andhra Bhumi	26	7	0	1	4	2	1	0	1	0	0	42
Total	210	124	13	155	55	56	6	0	33	1	14	667

*I/S/E: Informativo/ spot/ evento.

Tabela 5. Número e percentagem de relatórios centrados em tópicos da Ciência da Nutrição

S/No.	Tópico	Crónica de Deccan	O Hindu	Times of India	Eenadu	Andhra Jyothi	Andhra Bhumi	Total
		Número (percentagem)						
1	Cereais, leguminosas,	3 (2.34)	7(6.93)	4 (4.30)	12(7.06)	8 (6.01)	2(4.76)	36(5.40)
2	Óleos, gorduras, frutos	9 (7.03)	8 (7.92)	2(2.15)	16(9.41)	7(5.26)	6 (14.30)	48 (7.20)
3	Leite, ovo, carne, peixe	12 (9.38)	1 (0.99)	5(5.37)	10(5.90)	4 (3.01)	3(7.14)	35(5.25)
4	Frutas e legumes	29 (22.65)	28 (27.73)	16 (17.20)	45 (26.47)	42(31.58)	16 (38.10)	176 (26.38)
5	Vitaminas e minerais	6 (4.69)	5 (4.95)	7 (7.53)	8(4.70)	10(7.52)	1(2.38)	37(5.55)
6	Dieta equilibrada	4 (3.12)	6 (5.94)	12 (12.90)	19 (11.18)	12 (9.02)	3(7.14)	56(8.39)
7	Alimentos sazonais	1 (0.78)	1 (0.99)	2 (2.15)	5 (2.94)	3 (2.26)	0	12(1.80)
8	Chocolates, gelados	9 (7.03)	4 (3.96)	8 (8.60)	11 (6.47)	5(3.76)	0	37(5.55)
9	Bebidas	12 (9.38)	2 (1.98)	6 (6.45)	3 (1.76)	4 ()3.01	1 (2.38)	28 (4.20)
10	Nutrição infantil	2 (1.56)	3 (2.97)	5 (5.38)	5(2.94)	4() 3.01	2 (4.76)	21(3.15)
11	Excesso	de 15 (11.72)	17 ()16.83	13 (13.98)	14 (8.23)	13 (9.77)	3 ()7.14	75 (11.24)
12	Dieta para manter	a 8 (6.25)	3 (2.97)	5 (5.38)	11(6.47)	7(5.26)	1 (2.38)	35(5.25)
13	Aditivos alimentares	6 (4.69)	3 (2.97)	1 ()1.08	3 ()1.76	3() 2.26	2 (4.76)	18(2.70)
14	Comida de plástico	2 (1.56)	3 (2.97)	2 (2.15)	1(0.59)	4 (3.01)	0	12 (1.80)
15	Dieta para combater	as 5 (3.91)	3 (2.97)	3 ()3.23	2 ()1.18	5 (3.76)	1 (2.38)	19(2.85)
16	Outros	5 (3.91)	7 (6.93)	2 (2.15)	5 (2.94)	2 (1.50)	1 (2.38)	22(3.29)
	Total	128 (100)	101 (100)	93 (100)	170 (100)	133(100)	42 (100)	667 (100)

Figura 1. Deccan chronicle- 3rd novembro de 2007

Deccan Chronicle
3-11-07

'Beer after workout is better'

London: When you reach for an ice cold mug of suds after playing a game of football, cricket or a long run, you're not just quenching your thirst, you're actually doing something healthy for your body — seriously!

Researchers in Europe have carried out a study and found that a glass of beer is far better at re-hydrating the body after exercise than water as the sugars, salts and bubbles in a pint help people absorb fluids more quickly. "The carbon dioxide in beer helps quench the thirst more quickly, while beer's carbohydrates replace calories lost during physical exertion," the Daily Mail reported on Friday, quoting lead researcher Prof. Manuel Garzon as saying.

In fact, the researchers at the Granada University in Spain came to the conclusion after examining 25 students who were told to do strenuous exercise in temperatures of around 40°C until they were close to getting exhausted. Half of the students were given a pint of beer to drink, while the others received the same volume of water after the workout. The team measured their hydration levels, motor skills and concentration ability. Prof. Garzon said the effect in the students given beer was "slightly better". (PTI)

Figura 2. Deccan Chronicle - 6 de novembro de 2007.

Water wins over beer any day

DIETICIANS AND FITNESS EXPERTS IN THE CITY COMPLETELY DISAGREE WITH THE RECENT STUDY THAT CLAIMS CONSUMING BEER AFTER WORKOUTS IS A BETTER REHYDRATING AGENT THAN DRINKING PLAIN WATER

OUR CORRESPONDENT
HYDERABAD

Fitness freaks and sports enthusiasts, who thought they can head to a pub, post working out, need to retract their steps. Contrary to the claims made by a British study done in Granada University, which states that it's better to drink beer instead of water post workout for rehydration, experts point out that drinking any kind of alcohol after a workout to rejuvenate oneself will further lead to dehydration.

Dietician Charita Adikane of Apollo Hospitals says, "After working out for an hour or more, it's best to drink plain water for energy and re-hydration. Fruit juices, coconut water or lime juice are also far better options than alcohol, which is not a re-hydrating agent."

In fact if anything drinking beer might just make the matters worse. Dr Bakhtiar Choudhary, senior consultant of sports medicine, Hyderabad Clinics rubbishes the study and points out that drinking beer or any alcoholic drink post workouts causes hypo-hydration. "It's absolutely wrong to assume that beer can re-hydrate and energise you after exercising. The energy one gets from beer is not due to re-hydration but because of the spirit content. Moreover, the body falls short of fluid because alcohol-mixed liquid is passed out of the body through breath, urine and sweat and your performance level will come down. Therefore, drink plain water. Also, muscles store carbohydrate as glycogen, which needs to be re-filled after exercise. So, besides water, eat carbohydrate-rich food for energy."

Fitness consultant and aqua specialist Deepali Jain comments, "Beer, instead of re-hydrating, rather rids the body of water retention. It goes directly to the blood stream and gives one a high and hence comes the energy. It's actually a diuretic and will dehydrate you more. It's best to keep sipping little water before and during workouts, because if you are exhausted and dehydrated, you can't exercise properly."

However, gulping water is not recommended during exercise, as the stomach gets bloated, says Deepali, adding, "Those with low blood pressure can drink electrol or lime water but nothing can replace clear water as a re-hydrating, rejuvenating and detoxifying drink post workout."

PIC: MCT

Figura 3. Deccan Chronicle- 2ⁿᵈ outubro de 2007.

Dark chocolate good for health

London: British scientists have said that eating dark chocolate daily in moderation may boost health by reducing blood pressure and improving brain function.

Dark chocolate is high in polyphenols, an antioxidant chemical that has been associated with health benefits such as a reduction in blood pressure.

It also appears to improve levels of serotonin in the brain. In the central nervous system serotonin is believed to play an important role in the regulation of anger, aggression, body temperature, mood, sleep, vomiting and appetite.

Taking dark chocolate significantly reduced fatigue in test subjects and when they stopped eating it, they felt tired faster. *(IANS)*

Figura 4. Deccan Chronicle - 26 de janeiro de 2008.

Chocolates bad for bones

New York, Jan. 25: Chocolate, the most widely and frequently craved food, may be good for your heart. But, if a study is to be believed, its regular consumption could weaken your bones and raise the risk of suffering a fracture.

A study conducted by a team of researchers found that people who eat chocolates daily are likely to have less dense, weak bones, which in turn could increase the risk of health problems such as osteoporosis and fractures.

"Cocoa and chocolate have been promoted as having a range of beneficial cardiovascular properties. But the effect of chocolate intake on other organ systems has not been studied," according to lead researcher Jonathan Hodgson of the University of Western Australia. In fact, according to him, though chocolate contains flavonols and calcium, both linked to having a positive effect on bone density, it also contains oxalate, an inhibitor of calcium absorption, and sugar, linked to calcium excretion.

The results of the study have been published in the *American Journal of Clinical Nutrition.*

Figura 5. Times of India - 26 de novembro de 2007.

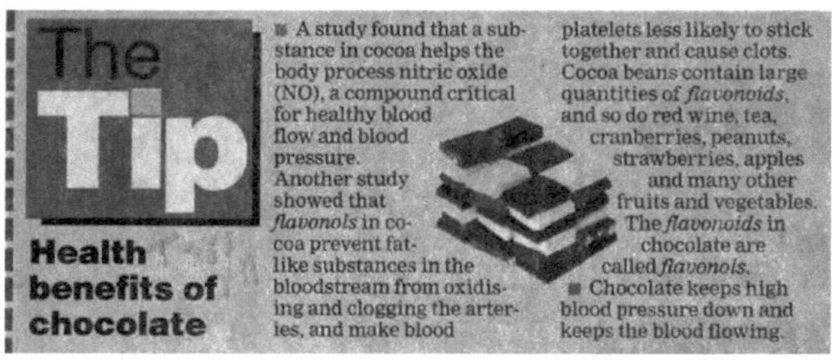

Figura 6. Times of India-18th fevereiro de 2008.

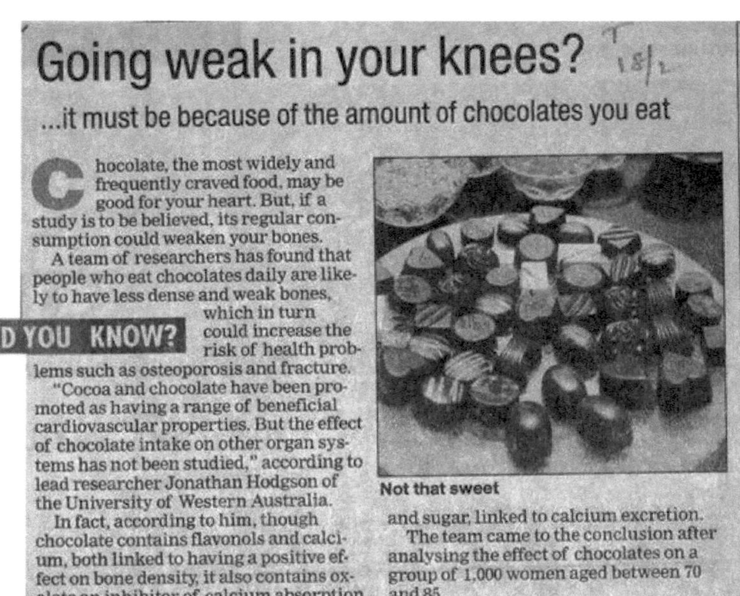

Chapter 4

A QUALIDADE DA INFORMAÇÃO SOBRE INVESTIGAÇÃO NUTRICIONAL NOS PRINCIPAIS JORNAIS DIÁRIOS DA ÍNDIA

Antecedentes: Os jornais são uma forma importante de meios de comunicação de massas que desempenham um papel significativo na promoção da saúde e são cruciais para o desenvolvimento social. Estudos revelaram que as notícias dos jornais não eram coerentes na apresentação dos resultados da investigação sobre nutrição aos leitores. Foi realizado um estudo com a hipótese de que "os jornais destacam frequentemente os resultados da investigação sobre nutrição de forma desproporcionada para chamar a atenção dos leitores".

Objetivo: Avaliar a apresentação das conclusões/resultados da investigação em nutrição pelos jornais em comparação com os artigos originais de investigação em que se baseiam.

Método: Os seis principais jornais populares da Índia foram seleccionados para o estudo. Foi desenvolvida uma escala baseada em 10 parâmetros para avaliar a exatidão das notícias.

Resultados: Foram identificadas 214 notícias que se baseavam ou alegavam basear-se na investigação nutricional nos seis jornais acima referidos. Um quarto das notícias dos jornais não transmitia corretamente os resultados da investigação nutricional. Poucas reportagens foram consideradas contrárias aos resultados originais em que se baseavam. Quase um quinto das notícias não menciona a fonte, o que impede o leitor de aceder ao relatório original. Normalmente, qualquer investigação ou estudo científico tem as suas próprias limitações. No entanto, este aspeto vital está ausente nos relatórios dos jornais sobre investigação nutricional.

Conclusões: Com a ênfase em peças curtas e "dignas de notícia", os meios de comunicação social muitas vezes só divulgam os resultados de estudos isolados, e muitas histórias são escolhidas simplesmente porque os resultados são contrários às recomendações de saúde actuais. Os cientistas precisam de ajudar a traduzir a sua investigação para os consumidores.

Palavras-chave: Jornais, Nutrição, Tradução de pesquisas, Comunicação em saúde

Introdução

A nível mundial, os meios de comunicação social são uma das fontes de informação sobre saúde e nutrição mais credíveis para as pessoas, a seguir apenas às fontes médicas (International Food Information Council, 2007). A exposição aos meios de comunicação social pode ter um impacto considerável nos hábitos alimentares das pessoas (Heinz *et al,* 2009). Os jornais constituem uma parte importante dos meios de comunicação de massas sobre saúde e são considerados fontes credíveis de nutrição e informação por muitas pessoas (*Jones et al,* 2008). Atualmente, uma parte substancial das notícias sobre saúde nos jornais trata de temas relacionados com a alimentação e a boa forma física (Maheshwar e Rao, 2012). As reportagens sobre a evolução da dieta e das questões científicas relacionadas com a saúde representam um desafio particular para os jornalistas, à medida que aumenta a sede do público por esta informação (Gupta e Sinha, 2010; Hilbert e Reid, 2009; Motl *et al,* 2005). As notícias influenciam as escolhas diárias em termos de alimentação e estilo de vida (Houn *et al,* 1995; Abbasi, 1998).

Na Índia, a circulação de jornais aumentou cerca de 34% no período 2006-2010 e a Índia é o maior mercado de jornais do mundo, com 108 milhões de vendas diárias (WAN, 2012). Só na cidade de Hyderabad, no sul da Índia, de acordo com o Audit Bureau of Circulation (ABC, 2010), os três principais diários em inglês e telugu (vernáculo) registam uma enorme circulação e número de leitores. Os principais diários em inglês são o Deccan Chronicle (com uma circulação diária líquida paga de 6 58 037 exemplares), o The Hindu (4 52 096) e o Times of India (1 97 911). Do mesmo modo, os jornais diários Telugu com maior circulação são o Eenadu (15 37 086 exemplares diários), o Sakshi (13 38 845) e o Andhra Jyothi (5 73 857) (ABC, 2010). Num estudo recente que avaliou a cobertura de temas relacionados com a nutrição pela imprensa escrita na Índia, observou-se que pelo menos 25% dos artigos noticiosos nos jornais diários de língua inglesa e regional sobre questões relacionadas com a nutrição se referiam a resultados de trabalhos de investigação publicados em revistas especializadas (Maheshwar e Rao, 2011a). Muitos jornais divulgam os resultados de estudos de investigação publicados em revistas médicas e de nutrição revistas pelos pares ou relatórios publicados ou trabalhos apresentados em conferências (Voelker, 1998). Estes relatórios funcionam como uma ponte entre a investigação científica e a comunicação com o público. No entanto, estudos realizados na Índia, bem como noutros países, indicaram que algumas das notícias sobrevalorizam ou subvalorizam determinadas informações na apresentação dos resultados da investigação aos leitores (Maheshwar e Rao, 2011b; Frost e Frank, 1997).

Observou-se também que algumas das notícias não eram coerentes na apresentação dos resultados da investigação aos leitores. A revisão da literatura mostra que estudos anteriores sobre a relação entre o álcool e o cancro indicavam este tipo de inconsistências. Num ano, dizia-se que o consumo moderado de álcool pode aumentar o risco de cancro da mama (Foreman,1978; Nelson,1987; Johnson,1987) e, no ano seguinte, que não há risco acrescido com o consumo moderado de álcool (Edwards,1988; Kolata,1988). Um outro estudo destacou as histórias sobre saúde que os consumidores consideram mais confusas (Princeton Survey for Rodale Press 1998). As histórias sobre vitaminas e suplementos estão no topo da lista, seguidas das histórias sobre nutrição. Os consumidores têm dificuldade em distinguir entre as trivialidades de interesse público e as informações que efetivamente justificam uma mudança de comportamento. Nestas circunstâncias, o público não só fica confuso como pode até sentir-se mal orientado (Angell e Kassirer, 1994). Perante isto, é cada vez mais importante compreender como os meios de comunicação social "filtram e traduzem a informação científica". Mas, atualmente, os meios de comunicação social estão atentos apenas às notícias que estão na berra e vendem. Muitas vezes, as notícias são descritas de forma sensacionalista (Maheshwar e Rao, 2011-a). Como o objetivo dos meios de comunicação social é ganhar pontos de audiência televisiva (TRP), muitos assuntos são exagerados durante um ou dois dias, dando às histórias um toque sensacionalista (Liberman, 2005). Alguns canais transmitem e publicam as mensagens de tal forma que as verdadeiras mensagens são deixadas de lado (Shakuntala e Johal, 2006). Este facto pode ser atribuído à variação na qualidade da informação, que é determinada pela exatidão com que a informação científica é traduzida (Smith, 1996). Factores como a exatidão, a amplitude e a profundidade da informação determinam a qualidade da informação (Begley e Cardwell, 1996).

Hackman e Moe (1999) desenvolveram pontuações para avaliar a qualidade dos relatórios sobre nutrição, tendo em conta factores como a informação de base, a descrição da população estudada, os resultados, a citação do artigo original, os dados do autor, etc. Dois estudos desenvolveram pontuações de qualidade baseadas na presença ou ausência de informação de base relevante, descrição da população estudada e dos resultados, avaliação crítica dos resultados, menção do autor principal e entrevista com o autor do estudo ou outras autoridades (Koren e Klein, 1991; Oxman et al, 1993). Além disso, sugere-se que uma informação fundamental que os cientistas devem procurar ao avaliarem as notícias dos jornais é a citação do artigo original do jornal na notícia do jornal. Isto verifica que o artigo se baseia num estudo publicado (Smith R 1996).

Embora existam estudos na Índia que avaliaram a extensão das notícias relacionadas com a nutrição em relação a outras notícias nos jornais indianos (Maheshwar e Rao, 2011a; Gupta e Sinha, 2010), tanto quanto sabemos, quase não existem estudos que comparem e avaliem os artigos de jornal sobre investigação relacionada com a nutrição com os artigos originais de revistas/estudos de investigação em que se baseiam. Estudos anteriores sobre os jornais diários da cidade de Hyderabad, no sul da Índia, também encontraram diferenças substanciais na divulgação de notícias sobre nutrição em jornais diários ingleses e vernáculos (Maheshwar & Rao, 2011a; 2012). O presente estudo foi conduzido com o objetivo de avaliar a qualidade dos artigos de jornal que divulgavam a investigação em matéria de nutrição, em comparação com os artigos originais dos jornais/relatórios de investigação em que se baseavam. Também comparámos o grau de exatidão da divulgação dos resultados da investigação em nutrição entre vários jornais diários.

Materiais e métodos

Desenho do estudo: Tratou-se de um estudo prospetivo realizado durante um período de seis meses, de 1ª de setembro de 2010 a 28ª de fevereiro de 2011.

Amostra: Com base nos números da circulação na cidade de Hyderabad, no sul da Índia, foram seleccionados para o estudo seis jornais populares (três em inglês e três em telugu). Durante o período do estudo, foram publicados 179 números de cada um dos seis jornais, o que perfaz um total de 1074 exemplares. Todos os artigos/relatórios relacionados com a nutrição e a alimentação que se baseavam em estudos de investigação foram seleccionados para o estudo utilizando os seguintes critérios de inclusão e exclusão.

Inclusão: Artigos/relatórios/notícias baseados em resultados de estudos de investigação sobre nutrição, alimentação e dietética, quer em comunicados de imprensa de revistas especializadas, quer em agências noticiosas internacionais (por *exemplo,* Reuters, Associated Press, etc.), jornais e revistas estrangeiros (*por exemplo,* New York Times, Time, etc.) ou escritos por jornalistas locais.

Exclusão: Foram excluídos editoriais, comentários, artigos para debate e educação, revisões narrativas, cartas ao editor, relatos de casos e artigos relacionados com o sector da saúde local e anúncios de produtos e serviços nutricionais.

Análise: Os parâmetros básicos que foram considerados para avaliar a qualidade das notícias estavam relacionados com a rastreabilidade do estudo de investigação original (no qual se basearam) a partir da informação relatada no jornal. As variáveis/escala construídas e relatadas por Hackman e Moe (1999) foram adoptadas com pequenas modificações. As variáveis consideradas foram as seguintes, tendo sido atribuída uma pontuação de "0" para "não" e de "1" para "sim" - (i) Tamanho da amostra comunicado; (ii) População do estudo descrita; (iii) Descrição das variáveis medidas no estudo fornecida; (iv) Conceção e análise do estudo descritas; (v) Limitações do estudo, se for caso disso, comunicadas; (vi) Fonte principal do relatório mencionada; (vii) Apenas fonte secundária do relatório mencionada; (viii) Reportagem noticiosa baseada num estudo revisto por pares; (ix) O título reflecte corretamente o estudo original; (x) Apareceu na página um.

Em seguida, através de pesquisa manual, em bibliotecas e na Internet, foram recolhidos os estudos de investigação reais que podiam ser identificados a partir das informações fornecidas nos artigos de jornal. Esses artigos de jornal foram então comparados com o artigo de investigação relevante.

Análise estatística

Foram calculadas estatísticas descritivas para todas as dez variáveis do estudo. Os valores médios de todas estas variáveis nos seis jornais foram comparados utilizando o teste ANOVA-F com testes post hoc do método LSD (Least Significant Different). O nível de significância considerado foi de 0,05.

Resultados

Um total de 214 notícias sobre a investigação em nutrição foi identificado nos seis jornais: Deccan Chronicle, The Hindu, Times of India, *Eenadu, Sakshi* e *Andhra Jyothi* durante o período de estudo. De um modo geral, os jornais de língua regional (Telugu) publicaram mais relatórios (125) sobre investigação nutricional do que os diários ingleses (89). Entre os jornais diários Telugu, *Andhra Jyothi publicou o* maior número (71) de artigos sobre investigação nutricional e *Sakshi* publicou o menor número durante os seis meses do período de estudo (quadro 1). Entre os diários ingleses, o Deccan Chronicle publicou mais relatórios sobre nutrição do que os outros dois diários (Quadro 1).

Mais de 70% de todos os relatórios de investigação sobre nutrição nos jornais diários provinham de fontes secundárias e menos (<30%) baseavam-se em fontes primárias. Os relatórios baseados em fontes secundárias citavam, na sua maioria, apenas os nomes do país ou da universidade onde a investigação foi efectuada ou jornais estrangeiros/agências noticiosas como o Daily Mail, o New York Times e o Washington Post como fonte de informação. Dos 22,5% dos relatórios baseados em fontes primárias, mais de dois terços foram publicados em jornais ingleses. Entre os relatórios que se baseavam em fontes secundárias, alguns (6%) baseavam-se mesmo em afirmações feitas por profissionais de relações públicas de indústrias alimentares e farmacêuticas que citavam alguns estudos de investigação.

Apenas 15,7% dos relatórios ingleses indicaram as limitações da respectiva investigação/estudo, ao passo que nenhum dos relatórios dos jornais diários Telugu indicou essas limitações. Cerca de 45% dos relatórios dos jornais diários ingleses mencionaram o tamanho da amostra, ao passo que apenas 30,4% dos jornais diários Telugu referiram esta variável. Do mesmo modo, 47,1% dos relatórios dos jornais ingleses descreviam a população do estudo; 52,8% descreviam as variáveis da investigação e 57,3% descreviam a conceção e a análise do estudo, ao passo que, nos diários vernáculos, apenas 31,2% dos relatórios referiam a população do estudo; 39,2% mencionavam as variáveis da investigação e 48,8% descreviam a conceção e a análise do estudo.

Os resultados do teste *ANOVA-F* mostram que, das 10 variáveis comparadas, 6 variáveis, *a saber:* (1) Tamanho da amostra relatado, (2) População do estudo descrita, (3) Limitações do estudo, (4) Fonte principal do relatório mencionada, (5) apenas fonte secundária mencionada e (6) Reportagem baseada em estudo revisto por pares, foram consideradas estatisticamente significativas entre os jornais. Quando se efectuaram testes post-hoc a estes parâmetros, verificou-se a existência de uma diferença menos significativa (LSD) entre os jornais para cada uma das variáveis, tendo as mesmas sido indicadas como sobrescritos na tabela 1.

Observou-se que os jornais ingleses mencionaram um maior número de variáveis em cada relatório, em comparação com os jornais diários Telugu (quadro 2). Nos três diários ingleses, quase um quarto dos relatórios (23,5) contém mais de 6 variáveis em cada relatório, ao passo que apenas 1,6% nos três diários Telugu juntos. Os relatórios que contêm apenas uma variável de investigação nutricional são mais numerosos (39,2) nos jornais diários Telugu do que nos jornais diários ingleses (29,2). De todos os relatórios publicados nos jornais diários Telugu em conjunto, 67% citavam apenas três ou menos de três variáveis da investigação em matéria de nutrição, ao passo que nos jornais diários ingleses 61,5% dos relatórios continham três ou mais de três variáveis.

Quando as notícias dos jornais foram comparadas com os artigos originais em que se baseavam, observou-se que os diários regionais exageravam as conclusões e sensacionalizavam os títulos, ao passo que só foi encontrada uma notícia com um título exagerado num diário inglês (Deccan Chronicle) durante o período de estudo. O título do Deccan Chronicle dizia: "Bebidas energéticas podem matar, alerta estudo". No entanto, o artigo relatava um estudo que avaliava os efeitos adversos das bebidas energéticas em crianças que sofrem de diabetes, convulsões, anomalias cardíacas ou perturbações do humor e do comportamento. O estudo original não referia os efeitos das bebidas energéticas em crianças normais. Do mesmo modo, no *Andhra Jyothi*, alguns títulos enganadores eram: "*Tiffin maanesthe... Gunde Jabbu Khayam!*" (Se não tomares o pequeno-almoço... terás certamente doenças cardíacas); "*Meegada baaga thinte... Moothrasaya cancer guarantee*" (O cancro da bexiga é garantido com a ingestão de mais queijo ou creme de leite); "*Choclaies thinte pandlu thinnatley...!* (Comer chocolates é igual à ingestão de frutos); "*Suvaasanalaihone kovvu karuguthundhi*" (a gordura corporal dissolve-se com a fragrância). No entanto, ou se deu demasiada importância a uma das conclusões ou se divulgaram incorretamente os resultados dos estudos originais. Também foram observados resultados semelhantes no *Sakshi* daily. Durante o período de seis meses, apenas dois relatórios de investigação, um no Deccan Chronicle (inglês) e outro no *Sakshi* (telugu), apareceram na primeira página do jornal.

Discussão

Este artigo tentou avaliar a exatidão das notícias publicadas nos jornais com base em artigos de investigação científica utilizando uma escala de 10 parâmetros e avaliou a exatidão relativa das notícias publicadas nos jornais diários vernáculos e ingleses. Observou-se que menos de um quarto de todas as notícias tinham cumprido pelo menos metade dos parâmetros que considerámos necessários para garantir a exatidão dos estudos de investigação nutricional publicados nos jornais.

O presente estudo indica que as características da amostra, a metodologia e as limitações do estudo não são habitualmente comunicadas. Estes componentes são muito importantes para uma compreensão exacta dos resultados da investigação. Embora um número relativamente mais elevado de relatórios nos jornais diários ingleses contivesse estes componentes do que nos vernáculos, o Times of India foi responsável pelo maior número de relatórios deste tipo. Entre os jornais Telugu, nem sequer uma única notícia citava as limitações dos estudos. Num estudo semelhante realizado por Hackman e Moe em 1999 em jornais americanos, verificou-se que a descrição destes componentes era limitada. Verificaram que apenas 43% descreviam a população do estudo, 68% indicavam a amostra e apenas 23% referiam as limitações.

Para os leitores que pretendam localizar os estudos originais de investigação sobre nutrição, a tendência atual de publicação de notícias nos jornais indianos oferece muito poucas possibilidades. Ao contrário dos jornais diários americanos (Hackman e Moe, 1999), apenas cerca de um terço das reportagens do presente estudo forneciam a fonte primária, com um número significativamente mais elevado de jornais diários ingleses a fazê-lo do que os jornais Telugu.

Os títulos de algumas das notícias não transmitiram as mensagens reais e destacaram conteúdos inadequados, talvez para chamar a atenção dos leitores. Esta observação está de acordo com as conclusões de um estudo anterior, que observou que os títulos das notícias tendem a centrar-se em resultados parciais de estudos (Maheshwar e Rao, 2011a). Comentando esta tendência, Hilbert e Ried (2009), no seu trabalho de investigação, afirmam: "Sendo a medicina um dos domínios mais esquivos, misteriosos e incompreendidos da sociedade, a imprensa tem frequentemente de desenterrar as respostas às perguntas de muitos cidadãos. O campo da medicina é constantemente pressionado para encontrar o próximo avanço e o próximo salva-vidas, mas quando a mais pequena informação é descoberta, a notícia está em todo o lado, independentemente da exatidão das descobertas". Este tipo de reportagem pode desinformar o público leigo e pode levar a questões sobre a aplicabilidade dos resultados a doentes individuais (Motl *et al*, 2005).

As informações relacionadas com a nutrição apresentadas pelos meios de comunicação social são muitas vezes exageradas e podem confundir os leitores. Embora o aparecimento deste tipo de informação seja raro (cerca de 4% no presente estudo), não pode ser considerado insignificante, uma vez que os meios de comunicação social têm uma influência potencial sobre os leitores. O recurso ao exagero ou à parcialidade (em que algumas características são ignoradas e outras são demasiado realçadas) pode ser motivado pelas expectativas contraditórias dos leitores e pelas responsabilidades dos jornalistas (Condit, 2004). Enquanto os leitores consideram autênticas as informações sobre saúde e nutrição que aparecem nos jornais diários (Maheshwar e Rao, 2011b), os repórteres precisam de ganhar espaço nos jornais (e, em última análise, uma audiência) para os seus temas, pelo que são propensos a incluir declarações sensacionalistas, absolutistas ou, pelo menos, dramáticas (Wilcox, 2003). Este impulso também entra em conflito com as normas do jornalismo científico, que encorajam uma reportagem cautelosa, detalhada e equilibrada, reflectindo assim as normas da ciência que é coberta (Jones *et al*, 2008).

A formação e o nível de experiência dos repórteres (e dos cientistas) influenciam a exatidão dos relatórios. Muitos repórteres com uma sólida formação em ciências da nutrição apresentam os resultados da investigação de forma correcta, contextualizada e com uma indicação clara da relação entre os novos resultados e o corpo de investigação existente. Outros, no entanto, noticiam novas descobertas científicas sem indicar claramente as suas limitações ou inconclusividade, o que pode levar os consumidores a agir com base em informações que se alteram ou que, após novas investigações, se provou serem inexactas. Estes desenvolvimentos alimentam a confusão do público e a perceção de que a informação nutricional não é fiável e está sempre a mudar (Nutrition Science Policy, 1996). O principal obstáculo dos meios de comunicação social na comunicação da ciência é a falta de compreensão do próprio processo científico, especialmente entre os redactores não especializados em ciências.

Os jornalistas com formação científica podem compreender melhor que cada novo estudo não é necessariamente uma notícia, mas sim parte de um processo mais vasto de descoberta e debate. No entanto, para um repórter de âmbito geral, que pode não compreender este processo, cada novo estudo parece fornecer informações dignas de notícia e potenciais manchetes (Sylvia B. Rowe 2002).

A maioria dos repórteres esforça-se por manter as suas histórias correctas. No entanto, os meios de comunicação social estão no ativo para vender jornais ou atrair espectadores e ouvintes. Para o fazer, por vezes utilizam títulos ou títulos de histórias com palavras como "avanço" e "cura" para descrever as descobertas de estudos que podem oferecer apenas resultados preliminares (Abbasi, 1998). Estas tácticas podem atrair o público, mas podem ser enganadoras, especialmente se o público não ler ou ouvir toda a história (Frost e Frank, 1997). Além disso, algumas notícias dos media são sensacionalistas. Por exemplo, alguns grupos de interesses especiais promovem as suas próprias agendas citando estatísticas fora de contexto ou divulgando dados inexactos e alarmantes. Os meios de comunicação social apresentam esta informação devido ao seu valor de choque e ao apelo do público (Miller *et al*, 2002).

O processo de transmissão de informação científica através dos meios de comunicação social tem sido comparado a uma "cadeia de comunicações", que tem o cientista numa extremidade e o jornalista que transmite a informação na outra. No meio, encontram-se vários actores-chave que podem influenciar o resultado final, incluindo editores, profissionais de assuntos públicos, grupos de interesses especiais e representantes das indústrias alimentar, farmacêutica ou de suplementos (Rowe, 2001). As notícias dos meios de comunicação social sobre as novas investigações em matéria de nutrição são abundantes, mas podem confundir o público quando são citadas fontes não qualificadas, quando as conclusões são comunicadas fora de contexto ou quando os resultados parecem contradizer estudos anteriores (Miller *et al*, 2006).

O principal obstáculo dos meios de comunicação social na comunicação da ciência é a falta de compreensão do próprio processo científico, especialmente entre os redactores não especializados em ciência. Os jornalistas com formação científica podem compreender melhor que cada novo estudo não é necessariamente uma notícia, mas sim parte de um processo mais vasto de descoberta e debate. No entanto, para um repórter de âmbito geral, que pode não compreender este processo, cada novo estudo parece fornecer informações dignas de notícia e potenciais manchetes (Rowe, 2001).

Conclusões

A partir do presente estudo, pode concluir-se que os componentes importantes dos estudos de investigação que são essenciais para uma interpretação exacta e significativa da investigação relacionada com a nutrição - características da amostra, metodologia do estudo e limitações do estudo - não são rotineiramente comunicados. Dando ênfase a peças curtas, "dignas de notícia" ou sensacionalistas, os meios de comunicação social muitas vezes apenas destacam alguns resultados dos estudos, e as histórias são escolhidas simplesmente porque os resultados são contrários às recomendações de saúde actuais. Os meios de comunicação social continuarão a ser a principal fonte de informação nutricional dos consumidores e um meio importante para os cientistas da nutrição ajudarem a traduzir a sua investigação para o público. São necessários esforços sinergéticos entre os jornalistas que cobrem temas de saúde e os peritos no domínio da alimentação e da nutrição, para evitar que os leitores recebam informações inexactas.

Referências

• Abbasi K (1998). Headlines: more perilous than pills? *BMJ*, 316: 82.

• ABC (2010). *Relatório periódico da* Agência de Auditoria de Circulação (Índia): janeiro a junho de 2010.

• Angell M, Kassirer JP (1994). Investigação clínica - em que é que o público deve acreditar? *N Engl J Med.*, 331: 189-190.

• Begley A, Cardwell G (1996). The reliability and readability of nutrition information in Australian women's magazines (A fiabilidade e legibilidade da informação nutricional nas revistas femininas australianas). *Aust JNutr Diet*, 53: 160-166.

• Condit C (2004). Science reporting to the public: Does the message get twisted? *J Canadian Med Assoc.*, 170(9): 1415-1416.

• Edwards DD (1988). Breast cancer's link to alcohol assailed. *Science News*, 133: 242.

• Foreman J (1978). Alcohol tied to breast cancer, 2 studies find even 3 drinks a week heighten risk. *Boston Globe,* 7 de maio: 1.

• Frost K, Frank E. (1997). Relative risk in the news media: a quantification of misrepresentation (Risco relativo nos meios de comunicação social: uma quantificação da deturpação). *Am J Public Health*, 87: 842-845.

• Gupta A, Sinha, AK (2010). Health coverage in mass media: A content analysis. *Journal of Communication, 1* (1), 19-25.

• Hackman EM, Moe GL (1999). Evaluation of newspaper reports of nutrition-related research. J Am Diet Assoc., 99 (12): 1564-66.

• Heinz Freisling, Karin Haas, Ibrahim Elmadfa (2009). Fontes de informação nutricional dos meios de comunicação social e associações com o consumo de fruta e legumes entre adolescentes. *Nutrição em Saúde Pública,* 13 (2): 269-275.

• Hilbert A, Ried J (2009). Obesity in print: An analysis of daily newspapers, *European Journal of Obesity,* 2 (1): 46-51.

• Houn F, Bober MA, Huerta EE, Hursting SD, Lemon S, Weed Dl (1995). A associação entre álcool e cancro da mama: cobertura da investigação pela imprensa popular. *Am J Public Health,* 85: 1082-1086.

• International Food Information Council (2007) Consumer Attitudes toward Functional Foods/Foods for Health (Executive Summary). *Washington DC*: IFIC.

• Johnson G (1987). Novas provas que ligam o álcool ao cancro da mama. *New York Times*, 10 de maio: 5.

* Jones SC, Andrews KL, Tapsell L, Williams P, Mc Vie D (2008). The extent and nature of "health messages" in magazine food advertising in Australia. *Asian Pacific Journal of Clinical Nutrition*, 17: 317-324.

* Kolata G (1988). New study finds no association linking alcohol to breast cancer. *New York Times*, 21 de março: A14.

* Koren G, Klein N (1991). Bias against negative studies in newspaper reports of medical research. *JAMA.*, 266: 1824-1826.

* Liberman T (2005). Bitter Pill, *Columbia Journalism Review*, 45-47.

* Maheshwar M, Rao DR (2011 a). A Comparative analysis of nutrition science coverage by popular Indian daily newspapers. *J Media & Commn Studies,* 3 (4): 131-143.

* Maheshwar M, Rao DR (2011b). A Matter of Looks: The Framing of Obesity in Popular Indian Daily Newspapers. *J-UCMS.,* 8(1): 30-34.

* Maheshwar M, Rao DR (2012). Análise quantitativa das mensagens sobre nutrição e saúde na imprensa escrita indiana. *Pub Health Research.,* 2 (2): 28-31.

* Miller GD, Krautheim AM, Quagliani D (2002). Quem está a dar a volta à sua ciência? *Nutr Today,* 37: 186-191.

* Miller GD, Cohen NL, Fulgoni VL, Heymsfield SB, Wellman NS (2006). De cientista da nutrição a comunicador da nutrição: Why you should take the leap. *Am J Clin Nutr.,* 83 (6): 1272-1275.

* Motl SE, Timpe EM, Eichner SF (2005). Avaliação da exatidão dos estudos de saúde divulgados nos meios de comunicação social. *J Am Pharm Assoc.,* 45(6): 720-725.

* Nelson H (1987). Evidence reported in NEJM suggests alcohol consumption significantly increases a woman's chances of developing breast cancer. *Los Angeles Times*, 7 de maio: 1.

* Política da Ciência da Nutrição (1996). Comunicar a informação científica

emergente. *Nutr Rev.,* 54 (5): 153-157.

• Oxman AD, Guyatt GH, Cook DJ, Jaeahka RJ, Heddle N, Keller J (1993). An index of scientific quality for health reports in the lay press. *J Clin Epidemiol*, 46: 9871001.

• Princeton Survey Research Associates para a Rodale Press (1998). Public Evaluations of Health News Coverage [Avaliações Públicas da Cobertura de Notícias sobre Saúde]. *Princeton, NJ.*

• Rowe S (2001). Communicating science-based food and nutrition information. *J Am Diet Assoc.*, 101:1145-1146.

• Shakuntala R, Johal NS (2006). Ethics and news making in the changing Indian media space. *J Mass Media Ethics,* 21: 286-303.

• Smith R (1996). Three rules to cut the hype. *BMJ.*, 312: 983.

• Susant T Borra, Robert Earl, Edith Howard Hogan (1998). A escassez de notícias sobre nutrição e segurança alimentar revela uma oportunidade para os profissionais de dietética. *J Am Diet Assoc.,* 98:190-193.

• Sylvia B. Rowe (2002). Communicating Science-Based Food and Nutrition Information (Comunicar informação alimentar e nutricional de base científica). *J of Nutrition,* 132 (8): 2481S-2482S.

• Voelker R (1998). Getting the story straight on nutrition. *JAMA.*, 279:417.

• WAN (2012). *Relatório sobre as tendências da imprensa mundial: 2012.*

• Wilcox SA (2003). Contexto cultural e as convenções do jornalismo científico: drama e contradição na cobertura mediática de ideias biológicas sobre a sexualidade. *Crit Stud Media Commun.,* 20 (3): 225-247.

*****

Quadro 1: Percentagem de artigos noticiosos que contêm cada uma das 10 variáveis utilizadas para medir a exatidão da informação

S. Não.	Variáveis na notícia	Global de *(Subtotal*	*Valor de p* (<0,05	Jornais diários ingleses			*Subtotal-1 n=89*	Jornais diários Telugu			*Subtotal 2 n=125*
				Deccan	The	Tempos		Eenadu	Saakshi	Andhra	

S.Não.	jornal	1+2) N=214	Significativo)	Chronicle n=41	Hindu n=24	de Índia n=24		n=42	n=12	Jyothi n=71	
1.	Tamanho da amostra comunicado	**36.4**	*0.002*	43.9^a	20.8 ^{a}	70.8^b	*44.9*	33.3 ^{a}	41.6 ^{ab}	26.7 ^{a}	*30.4*
2.	População do estudo descrita	**37.8**	*0.003*	46.3 ^{ab}	25.0 ^{a}	70.8 ^{b}	*47.1*	30.9 ^{a}	41.6 ^{ab}	29.5 ^{a}	*31.2*
3.	Descrição das variáveis medidas no estudo	**44.8**	*0,198 (N.S)*	56.1	37.5	62.5	*52.8*	40.4	41.6	38.0	*39.2*
4.	Conceção e análise do estudo descritas	**52.3**	*0,053 (N.S)*	65.8	33.3	66.6	*57.3*	40.4	50.0	53.5	*48.8*
5.	Limitações do estudo relatado	**6.5**	*0.000*	21.9^a	4.1 ^{bc}	16,6 ab	*15.7*	0^c	0^c	0^{cd}	*0*
6.	Fonte principal do relatório mencionada	**29.4**	*0.000*	48.7 ^{a}	29.1^{ac}	70.8 ^{b}	*49.4*	14.2 ^{c}	33.3 ^{ac}	12.6 ^{cd}	*15.2*
7.	A única fonte secundária do relatório mencionada	**70.5**	*0.000*	51.2 ^{a}	70.8 ^{ac}	29.1 ^{b}	*50.5*	85.7 ^{c}	66.6 ^{ac}	87.3 ^{cd}	*84.8*
8.	Reportagem baseada num estudo revisto por pares	**22.5**	*0.001*	34.1 ^{a}	25.0 ^{ac}	45.8 ^{a}	*34.8*	9.5 ^{bc}	33.3 ^{ab}	12.6 ^{bc}	*13.6*
9.	O título **não reflecte** corretamente o estudo original	**97.2**	*0,306 (N.S)*	97.6	100	100	*98.9*	100	91.7	94.4	*96.0*
10.	Apareceu em Primeira página	**0.9**	*0,086 (N.S)*	2.4	0	0	*1.1*	0	8.3	0	*0.8*

N.S= Não significativo.

Nota: As variações nos sobrescritos indicam a significância das diferenças médias entre os jornais (P<0,05).

Quadro 2: Percentagem de notícias que contêm o número de variáveis em cada notícia

S. Não.	Notícias Papel	7 variáveis comunicadas	6 variáveis comunicadas	5 Variáveis comunicadas	4 Variáveis comunicadas	3 Variáveis comunicadas	2 Variáveis comunicadas	Sól Variável comunicada
Jornais diários ingleses								
1.	**Deccan Chronicle** n=41	2.4	14.6	26.8	14.6	9.7	12.2	19.5
2.	**The Hindu** n=24	O	16.6	4.2	8.3	8.3	8.3	54.2
3.	**Times of India** n=24	4.2	37.5	29.2	0	4.2	4.2	20.8
	Agrupados (jornais diários ingleses) n=89	*2.2*	*21.3*	*21.3*	*8.9*	*7.8*	*8.9*	*29.2*
Telugu Dailies								

1.	**Eenadu n=42**	O	7.1	21.4	7.1	7.1	14.3	42.8
2.	**Saakshi n=12**	8.3	25.0	8.3	8.3	0	16.7	33.3
3.	**Andhra Jyothi n=71**	O	5.6	15.5	7.0	16.9	16.9	38.0
	Agrupados (jornais diários Telugu) n=125	*0.8*	*8.0*	*16.8*	*7.2*	*12.0*	*16.0*	*39.2*
	Total (N=214)	**1.4**	**13.6**	**18.7**	**8.0**	**10.3**	**13.0**	**35.0**

Chapter 5

COBERTURA QUANTITATIVA DAS NOTÍCIAS SOBRE SAÚDE E NUTRIÇÃO - UM ESTUDO LONGITUDINAL DA IMPRENSA ESCRITA INDIANA DE PRIMEIRA LINHA

Resumo: Este estudo longitudinal analisou dois jornais diários populares da Índia, nomeadamente, *The Hindu* (inglês) e *Eenadu* (telugu), em termos de cobertura de mensagens relacionadas com a saúde e a nutrição em dois pontos temporais distantes, *nomeadamente*, fevereiro de 2010 e outubro de 2015. Este estudo mediu o número de artigos e o espaço ocupado (em centímetros de coluna) por (i) notícias sobre saúde, (ii) imagens sobre saúde, (iii) notícias sobre nutrição e (iv) imagens sobre nutrição. Durante o primeiro período, a percentagem de espaço ocupado por notícias de saúde e visuais em ambos os jornais estudados foi de 2,30, mas as notícias de nutrição e visuais não obtiveram sequer um por cento (0,99) de espaço nestes jornais. No segundo momento, o espaço para as notícias sobre saúde e imagens desceu para 2,26%, mas observou-se um aumento de espaço (1,11%) para as notícias sobre nutrição e imagens. Observa-se que a cobertura de informações relacionadas com a saúde e a nutrição aumentou significativamente no diário de língua telugu, ao passo que diminuiu no jornal de língua inglesa. Outra observação deste estudo de coorte é que a regularidade da cobertura das mensagens relacionadas com a saúde e a nutrição melhorou entre 2010 e 2015. Este estudo sugere que os profissionais de saúde forneçam comunicados de imprensa concisos aos jornais sobre as suas actividades e recomenda uma intervenção educativa para os editores.

Palavras-chave: Jornais; Notícias sobre saúde e nutrição; Cobertura quantitativa; Análise longitudinal; Media indianos

INTRODUÇÃO

Os meios de comunicação social difundem informações entre as pessoas em geral, para que haja aceitação de qualquer ideia e para suscitar interesse. Os meios de comunicação social divulgam informações sobre saúde e sensibilizam as pessoas para várias doenças e para a sua propagação (Gupta & Sinha, 2010). Os meios de comunicação social têm o poder potencial de dirigir a atenção das pessoas para determinadas questões. Wallack & DeJong (1995) referem que muitas pessoas confiam nos meios de comunicação social para obterem informações relacionadas com a saúde.

Os decisores políticos também obtêm uma quantidade considerável de informação dos meios de comunicação social. Bryant e Thompson (2002) sugeriram que a cobertura noticiosa de assuntos relacionados com a saúde é de considerável importância, uma vez que tem o potencial de moldar a impressão tanto dos cidadãos comuns como dos decisores políticos poderosos. Nas palavras de Brown e Walsh-Childers (2002), a cobertura noticiosa da saúde "tende a atribuir o poder de controlar a saúde dos indivíduos a peritos médicos que utilizam equipamento de alta tecnologia". Os estudos efectuados demonstraram que os meios de comunicação social tendem a dar mais atenção às questões de saúde, uma vez que estas envolvem o bem-estar das pessoas em geral.

Existem vários tipos de meios de comunicação social: jornais, revistas, rádio, televisão, Internet, filmes, etc. Os jornais são uma fonte essencial de informação sobre saúde e nutrição para muitos leitores (Maheshwar & Rao, 2012). "As notícias sobre saúde dependem fortemente de especialistas em saúde. Por vezes, a procura ou a descoberta de medicamentos para curar doenças e as consequências das doenças também são mencionadas nos jornais e revistas" (Gupta & Sinha, 2010).

A Índia possui o maior mercado de jornais do mundo, com 107 milhões de vendas diárias (WAN, 2006). Até que ponto os meios de comunicação social, em particular a imprensa escrita na Índia, estão a satisfazer as necessidades dos leitores em termos de informação sobre saúde e nutrição? A quantidade de informação sobre saúde e nutrição está a ser dessiminada, é a mesma ou varia ao longo do tempo? Para responder a estas questões, foi efectuada uma análise longitudinal das mensagens sobre saúde e nutrição que aparecem na imprensa escrita indiana popular.

Um estudo longitudinal é um método de investigação observacional em que são recolhidos dados sobre um determinado assunto, repetidamente, durante um período de tempo (Cherry & Kendra, 2012). Os projectos de investigação longitudinal podem estender-se por anos ou mesmo décadas. Num estudo de coorte longitudinal, os mesmos indivíduos ou as mesmas amostras são observados ao longo do período de estudo e os dados são registados. Assim, neste estudo, dois jornais diários indianos populares de duas línguas diferentes foram comparados e analisados em dois pontos temporais distantes, para o quantum da sua produção relacionada com a nutrição e a saúde.

OBJECTIVOS

Comparação quantitativa de relatórios e imagens relacionados com a saúde e a nutrição, publicados em dois jornais indianos de línguas diferentes. Analisar a contribuição quantitativa destes jornais diários para as mensagens sobre saúde e nutrição, em dois momentos diferentes.

MÉTODO

Os principais jornais diários da Índia (ABC, 2014) The Hindu (inglês) e Eenadu (telugu) foram seleccionados para o estudo. O telugu é a língua mais falada entre todas as línguas regionais da Índia e é também a língua predominante de dois estados (Andhra Pradesh e Telangana) no sul da Índia, com uma população de 80 milhões de habitantes. No presente estudo, foi efectuada uma análise longitudinal retrospetiva e comparativa entre os jornais diários inglês (The Hindu) e telugu (Eenadu). A comparação foi feita entre estes jornais em dois pontos temporais com um intervalo de >5 anos, ou seja, fevereiro de 2010 e outubro de 2015. Cada jornal foi examinado em função da data, nestes dois momentos, para detetar notícias sobre saúde e nutrição. O número total de páginas de cada jornal foi contado, incluindo as páginas suplementares (Art & Culture, MetroPlus, Melange, Sunday Magazine) do The Hindu e as páginas suplementares distritais do Eenadu.

Critérios de inclusão e exclusão

Para este estudo, um relatório de saúde ou nutrição foi definido como "uma informação que pretende beneficiar o leitor se este adotar ou praticar a mensagem relevante publicada nas colunas de saúde e nutrição". Para cada jornal, foi calculada a percentagem de espaço dedicado a temas de saúde e nutrição em relação ao número total de páginas que cobrem as notícias e os artigos em geral. Os artigos relacionados com a saúde e a nutrição publicados nas primeiras páginas e nas páginas editoriais, caso existam, também foram identificados. Foi elaborada uma tabela com todos os cálculos e gráficos acima referidos para comparação e análise.

Foi calculado o espaço efetivamente disponível para todos os tipos de notícias e artigos. O espaço ocupado por todos os tipos de anúncios, horários de programas de televisão, índices da bolsa, boletins meteorológicos, palavras cruzadas, etc. foi deduzido do número total de páginas para se chegar ao número de páginas de notícias efetivamente disponíveis. As colunas de preparação de receitas não foram tidas em conta no estudo, exceto se forem realçados os benefícios nutricionais ou para a saúde. A extensão do espaço para notícias educativas ou artigos ou reportagens sobre temas de saúde e nutrição foi medida (incluindo imagens, caso existam) com base em centímetros de coluna.

RESULTADOS

O número de notícias e imagens relacionadas com a saúde e a nutrição que apareceram nos jornais estudados nos dois momentos diferentes é o seguinte

No mês de fevereiro de 2010, o The Hindu e o Eenadu publicaram um total de 92 artigos sobre saúde e 34 sobre nutrição. O Hindu publicou 45 notícias sobre saúde e 21 mensagens sobre nutrição, enquanto o Eenadu publicou 47 notícias sobre saúde e apenas 13 sobre nutrição (quadro 1). Do espaço total disponível para todos os tipos de notícias, a percentagem de espaço ocupado pelas notícias de saúde e visuais em ambos os jornais estudados foi de 2,30, ao passo que as notícias de nutrição e visuais não conseguiram captar sequer um por cento (0,99%) de espaço nestes diários. Durante este mês, o The Hindu tinha 978 páginas, das quais 568 páginas estavam disponíveis para notícias e opiniões, o que corresponde a 2,31,744 centímetros de coluna. O Eenadu publicou 1178 páginas, das quais 767 estavam disponíveis para notícias e opiniões, o que corresponde a 2,29,500 centímetros de coluna.

No segundo momento, ou seja, durante o mês de outubro de 2015, foi publicado um total de 89 notícias sobre saúde e 40 mensagens sobre nutrição nos mesmos jornais. Destas, 38 notícias sobre saúde e 15 sobre nutrição foram publicadas no The Hindu; e 51 e 25 notícias sobre saúde e nutrição, respetivamente, foram publicadas no Eenadu (tabela 2). As notícias de saúde e as imagens obtiveram 2,26% de espaço em ambos os jornais e 1,11% de espaço para as notícias de nutrição e imagens. Durante o segundo período, o número total de páginas do The Hindu foi contabilizado como 914, das quais 561 estavam disponíveis para notícias e opiniões. Em Eenadu, do total de 1376 páginas, apenas 884 foram afectadas a notícias e opiniões. O espaço para notícias no The Hindu era de 2.28.888 centímetros de coluna e no Eenadu era de 2.65.200 centímetros de coluna.

DISCUSSÃO

A cobertura global das mensagens relacionadas com a saúde e a nutrição em termos de espaço noticioso não aumentou significativamente nos principais meios de comunicação social indianos. Tragicamente, o espaço noticioso total ocupado por informações relacionadas com a saúde em ambos os jornais diminuiu ligeiramente ao longo dos últimos cinco anos. A cobertura relacionada com a saúde ocupou um espaço noticioso total de 2,30% no ano de 2010 e diminuiu para 2,26% em 2015, coletivamente, em ambos os diários. Mas a percentagem de espaço noticioso para a cobertura relacionada com a nutrição no ano de 2010 aumentou de 0,99% para 1,11% em 2015.

A tendência da percentagem de espaço atribuído a mensagens relacionadas com a saúde e a nutrição varia entre dois jornais e dois períodos de tempo. Durante o primeiro período, ou seja, em fevereiro de 2010, as mensagens relacionadas com a saúde ocuparam mais espaço no Eenadu (1,29%) do que no The Hindu (1,01%). Mas as informações relacionadas com a nutrição no The Hindu ocuparam mais espaço (0,67%) em comparação com o Eenadu (0,32%). Em outubro de 2015, o segundo momento da nossa investigação mostrou que o Eenadu deu mais espaço à cobertura da saúde (1,18%) e da nutrição (0,62%) em comparação com o The Hindu (1,08% e 0,49%, respetivamente). Isto indica claramente que os jornais de língua regional deram prioridade à cobertura relacionada com a saúde e a nutrição, em comparação com os jornais de língua inglesa, nos últimos cinco anos.

Neste estudo longitudinal, observa-se que a cobertura de informações relacionadas com a saúde e a nutrição aumentou significativamente no diário de língua telugu (Eenadu), ao passo que diminuiu no diário de língua inglesa, The Hindu. Das quatro variáveis medidas neste estudo, a saber: (i) reportagens sobre saúde, (ii) imagens sobre saúde, (iii) reportagens sobre nutrição e (iv) imagens sobre nutrição, o Eenadu registou um aumento significativo do número das quatro variáveis acima referidas. Além disso, o Eenadu publicou quase o dobro do número de imagens relacionadas com a saúde (77) em outubro de 2015, em comparação com as imagens (39) publicadas em fevereiro de 2010 (figura 1). Da mesma forma, este jornal regional deu quase o dobro da cobertura a reportagens relacionadas com a nutrição (25) em outubro de 2015, em comparação com apenas 13 reportagens em fevereiro de 2010 (figura 2).

Esta tendência de crescimento nos meios de comunicação social Telugu (Eenadu) continuou mesmo na cobertura de imagens relacionadas com a nutrição. Este jornal publicou 50 imagens de temas relacionados com a nutrição em outubro de 2015, o que representa mais de cinquenta por cento das imagens de nutrição (32) publicadas em fevereiro de 2010. Da mesma forma, 51 reportagens sobre questões relacionadas com a saúde apareceram em Eenadu durante o segundo período de tempo, ou seja, em outubro de 2015, contra 47 reportagens relacionadas com a saúde durante o primeiro período de tempo, ou seja, em fevereiro de 2010.

Em suma, a tendência de Eenadu na divulgação de informação relacionada com a saúde e a nutrição num intervalo de 5 anos, mostrou um aumento de 50 a 100% na cobertura de (i) visuais relacionados com a nutrição e (ii) relatórios relacionados com a nutrição e (iii) visuais relacionados com a saúde. Mesmo nos relatórios relacionados com a saúde, é evidente um aumento de dez por cento na cobertura da Eenadu.

Esta tendência inverteu-se no The Hindu, um jornal de língua inglesa. O número de reportagens relacionadas com a saúde (45) publicadas em fevereiro de 2010 no The Hindu desceu para 38 em outubro de 2015. Do mesmo modo, os relatórios relacionados com a nutrição (21) e os visuais (21) publicados no The Hindu em fevereiro de 2010 diminuíram para 15 e 19, respetivamente, em outubro de 2015. O único aumento evidente no The Hindu foi o das imagens relacionadas com a saúde, que quase duplicou (24) em outubro de 2015, em comparação com apenas 13 imagens que apareceram em fevereiro de 2010. Em resumo, a tendência do The Hindu na divulgação de informações relacionadas com a saúde e a nutrição num intervalo de 5 anos mostrou uma redução de 10 a 30 por cento na cobertura de (i) imagens relacionadas com a nutrição, (ii) relatórios relacionados com a nutrição e (iii) relatórios relacionados com a saúde. O único aumento no The Hindu é evidente nos visuais relacionados com a saúde, que quase duplicaram.

Uma das observações deste estudo longitudinal é a regularidade com que as mensagens relacionadas com a saúde e a nutrição são publicadas e transmitidas aos leitores. No caso do Eenadu, não houve um único número do jornal que não tivesse uma ou outra mensagem sobre a saúde ou a nutrição, ou ambas, durante o mês de outubro de 2015, ao passo que, em fevereiro de 2010, essas mensagens apareciam com um intervalo de 3 a 7 dias. Do mesmo modo, The Hindu publicou a sua quota de artigos relacionados com a saúde ou a nutrição uma vez em cada dois dias, pelo menos em fevereiro de 2010. Esta frequência de aparecimento de informações relacionadas com a saúde e a nutrição manteve-se igual em outubro de 2015. Embora a frequência de aparição tenha aumentado em ambos os jornais diários, nem uma única notícia ou artigo sobre saúde ou nutrição foi publicado de forma proeminente, ou seja, na primeira página ou na página editorial durante o período de estudo em ambos os momentos.

O quadro geral que emerge no contexto das perspetivas relacionadas com a saúde e a nutrição é que os diários indianos The Hindu (inglês) e Eenadu (telugu) deram uma cobertura mínima às notícias/artigos relacionados com a saúde e a nutrição. A Índia é um país multilingue, no qual os jornais de línguas regionais dominam mais o mercado de leitores (ABC, 2014) do que os meios de comunicação social ingleses. Os jornais de língua regional são mais populares entre os leitores menos instruídos, com um contexto económico constituído principalmente por grupos de rendimentos baixos e médios que residem em zonas rurais e urbanas (Maheshwar & Rao, 2011). Ao mesmo tempo, a prevalência da subnutrição global também foi observada como sendo mais elevada entre os grupos de rendimento baixo (NNMB, 2006 e Basiotis et al, 2002) e médio (James et al, 1997 e Davey & Brunner, 1997). Por outro lado, os leitores de jornais em inglês são maioritariamente urbanos e têm um melhor estatuto socioeconómico do que os leitores de jornais em línguas regionais. Observou-se que a prevalência do excesso de peso e da obesidade é mais elevada nas zonas urbanas do que nas zonas rurais (Kaur et al, 2005).

Neste contexto, o aumento da percentagem de espaço e do número de artigos publicados nos jornais de língua regional é pouco encorajador. Mas, ao mesmo tempo, o declínio da cobertura das mensagens sobre saúde e nutrição nos jornais ingleses é desanimador e motivo de preocupação para os investigadores e peritos no domínio da saúde e da nutrição. A cobertura mínima das notícias relacionadas com a saúde e a nutrição na imprensa escrita pode ser vista do ponto de vista da famosa citação de P. Sainath, um veterano jornalista da Índia. Ele observou que a prioridade dos meios de comunicação social indianos é o "ABC dos meios de comunicação social indianos, que se traduz aproximadamente por Publicidade, Bollywood (indústria cinematográfica indiana) e Cricket ou poder empresarial (Sainath, 2010).

Os jornais locais são uma importante fonte de informação para os residentes rurais, mas muitas vezes carecem de informações exactas ou úteis relacionadas com a nutrição (Maheshwar et al, 2014). Para melhorar a quantidade e a qualidade das histórias sobre nutrição nos jornais locais rurais, é importante compreender a perspetiva dos editores. Neste sentido, Nothwehr, Chrisman e Andsager (2014) realizaram um inquérito em linha a 51 editores rurais do Midwest para avaliar as atitudes em relação à redação de histórias sobre nutrição. Os editores citaram obstáculos e desafios, incluindo a falta de espaço para a impressão, uma equipa reduzida, a falta de pedidos específicos dos leitores para histórias sobre nutrição e a necessidade de evitar ofender as empresas agrícolas locais.

Tendo isto em conta, o atual estudo longitudinal recomenda uma intervenção educativa para os editores. Entretanto, os profissionais de saúde pública devem fornecer aos jornais comunicados de imprensa concisos sobre as suas actividades. Além disso, uma maior expressão de apreço por parte dos profissionais de saúde pública e de outros leitores pode levar a que seja dada maior prioridade às histórias relacionadas com a saúde e a nutrição e, em última análise, a um ambiente mais favorável a uma alimentação saudável.

CONCLUSÕES

De um modo geral, os jornais The Hindu (inglês) e Eenadu (telugu) deram uma cobertura mínima às notícias/artigos relacionados com a saúde e a nutrição, tal como observado em ambos os momentos deste estudo longitudinal. A percentagem total de espaço noticioso para informação sobre saúde diminuiu, ao passo que para mensagens sobre nutrição aumentou durante o último período de cinco anos. Os jornais de língua regional deram prioridade à cobertura relacionada com a saúde e a nutrição, em comparação com os jornais de língua inglesa, durante o último período de cinco anos. A cobertura de informações relacionadas com a saúde e a nutrição aumentou significativamente no diário de língua telugu (Eenadu), ao passo que diminuiu no diário de língua inglesa, The Hindu. Do mesmo modo, os jornais regionais deram quase o dobro da cobertura aos relatórios relacionados com a nutrição em 2015, em comparação com 2010.

A tendência concisa da Eenadu na divulgação de informações relacionadas com a saúde e a nutrição num intervalo de mais de 5 anos revelou um aumento de 50 a quase 100 por cento na cobertura de (i) imagens relacionadas com a nutrição, (ii) relatórios relacionados com a nutrição e (iii) imagens relacionadas com a saúde. Mesmo nos relatórios relacionados com a saúde, é evidente um aumento de dez por cento na cobertura de Eenadu. Para resumir a tendência do The Hindu na divulgação de informações relacionadas com a saúde e a nutrição num intervalo de mais de 5 anos, registou-se uma redução de 10 a 30% na cobertura de (i) imagens relacionadas com a nutrição, (ii) relatórios relacionados com a nutrição e (iii) relatórios relacionados com a saúde.

Uma observação importante deste estudo longitudinal é o facto de a regularidade da cobertura das mensagens relacionadas com a saúde e a nutrição ter melhorado entre 2010 e 2015. Embora a frequência de aparição tenha aumentado em ambos os jornais diários, não houve uma única notícia ou artigo sobre saúde e nutrição publicado de forma proeminente, ou seja, na primeira página ou na página editorial durante o período de estudo em ambos os momentos.

O desafio para a saúde pública e a promoção da saúde é que, embora os artigos estejam a receber uma exposição razoável, é necessário trabalhar com a imprensa para transformar estas notícias em notícias que promovam uma imagem positiva da saúde pública, sensibilizem o público e convençam os governos do valor da afetação de recursos a medidas de saúde pública. É possível intervir nas notícias da imprensa para obter resultados positivos e os programas de relações públicas destinados a aumentar a consciencialização podem alterar as notícias dos jornais. Os profissionais e educadores no domínio da saúde pública devem esforçar-se por utilizar a imprensa escrita para sensibilizar a população em geral, os responsáveis pelo planeamento dos cuidados de saúde e o governo para a necessidade de mais recursos.

REFERÊNCIAS

1.   ABC (Audit Bureau of Circulation) Relatório periódico: julho-dezembro de 2014.

2.   Basiotis PP, Carlson A, Gerrior SA et al (2002). The Healthy Eating Index: 1999-2000. Departamento de Agricultura dos EUA, Centro de Política e Promoção da Nutrição, 2002. CNPP-12.

3.   Brown, J. D., & Walsh-Childers, K. (2002). Effects of media on personal and public health (Efeitos dos media na saúde pessoal e pública). Media effects:

Advances in theory and research, 2, 453488.

4.   Bryant, J., & Thompson, S. (2002). FUNDAMENTOS DOS MEDIA EFEITOS. Nova Iorque: McGraw-Hill

5.   Cherry e Kendra. "O que é a investigação longitudinal?" Experiências. Guia About.com. Recuperado em 21 de novembro de 2015.

6.   Davey Smith G, Brunner E. (1997). Socio-economic diffe-rentials in health: o papel da nutrição. Actas da Sociedade de Nutrição. 56: 75-90.

7.   Gupta, A., & Sinha, A. K. (2010). Health coverage in mass media: A content analysis. Journal of Communication, 1(1), 19-25.

8.   James WPT, Nelson M, Leather S (1997). The contribution of nutrition to inequalities in health (A contribuição da nutrição para as desigualdades na saúde). British Med J. 314: 1545-1549.

9.   Kaur S, Kapil U, Singh P (2005). Pattern of chronic diseases amongst adolescent obese children in developing countries (Padrão de doenças crónicas entre crianças adolescentes obesas nos países em desenvolvimento). Curr Sci. 88: 1052-1056.

10.   Maheshwar M, & Rao RD (2011). A comparative analysis of nutrition science coverage by popular Indian daily newspapers. Journal of Media and Communication Studies, 3(4), 131-143.

11.   Maheshwar, M., & Rao, D. R. (2012). Quantitative analysis of nutrition and health messages in Indian print media (Análise quantitativa das mensagens sobre nutrição e saúde na imprensa escrita indiana).

12.   Maheshwar M, Gavaravarapu SM, Venkaiah M., & Rao R. (2014). The quality of nutrition research reporting by leading daily newspapers in India. Journal of Media and Communication Studies, 6(6), 92-98.

13.   Inquérito do NNMB (National Nutrition Monitoring Bureau) (2006). Diet & Nutritional status of population and preva-lence of hypertension among adults in rural areas. Publicado pelo Instituto Nacional de Nutrição, Conselho Indiano de

Investigação Médica.

14. Nothwehr F, Chrisman M, & Andsager JL. (2014). Improving Rural Newspaper Coverage of Nutrition Stories An Educational Assessment of Editors' Attitudes and Learning Needs. Health promotion practice, 15(6), 849-856.

15. Sainath P (2010). Advertising, Bollywood, Corporate Power". The Hindu, 18 de fevereiro.

16. Relatório da WAN (Associação Mundial de Jornais) (2006).

17. Wallack, L., & DeJong, W. (1995). Mass media and public health: Moving the focus from the individual to the environment. The effects of the mass media on the use and abuse of alcohol, 253-268.

Quadro 1: Número de mensagens sobre saúde e nutrição e espaço coberto nos jornais durante o mês de fevereiro de 2010

	Total nº de páginas	N.º de notícias páginas	Notícias Espaço (em colunas cıns)	SAÚDE N.º de notícias	N.º de imagens	Espaço (coluna cms)	% de Espaço	NUTRIÇÃO N.º de notícias	N.º de imagens	Espaço (coluna cms)	% de Espaço
O Hindu	978	568	2.31.744	45	13	2348	1.01	21	21	1528	0.67
Eenadu	1178	767	2.29.500	47	39	2965	1.29	13	32	729	0.32
Total	2156	1335	4.61.244	92	52	5313	2.30%	34	53	2257	0.99%

Quadro 2: Número de mensagens sobre saúde e nutrição e espaço coberto nos jornais durante o mês de outubro de 2015

Jornal	Número total de páginas	N.º de páginas de notícias	Espaço de notícias (em cnıs de coluna)	SAÚDE N.º de notícias Relatórios	N.º de Visuais	Espaço (Cohmin cnıs)	% de espaço	NUTRIÇÃO N.º de notícias Relatórios	N.º de Visuais	Espaço (Coluna cnıs)	% de espaço
O Hindu	914	561	2,28,888	38	24	2472	1.08	15	19	1113	0.49
Eenadu	1376	884	2,65,200	51	77	3126	1.18	25	50	1647	0.62

| Total | 2290 | 1445 | 4,94,088 | 89 | 101 | 5598 | 2.26 % | 40 | 69 | 2760 | 1.11 % |

Figura 1. Comparação entre o The Hindu e o Eenadu no que respeita à cobertura do número de reportagens sobre saúde e de imagens

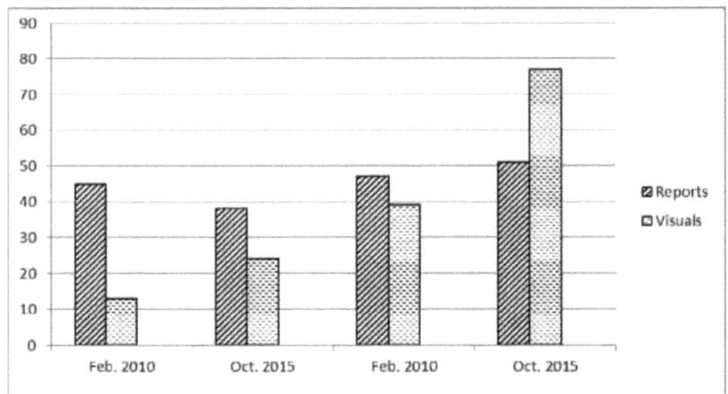

Figura 2. Comparação entre o The Hindu e o Eenadu no que respeita à cobertura do número de relatórios sobre nutrição e recursos visuais

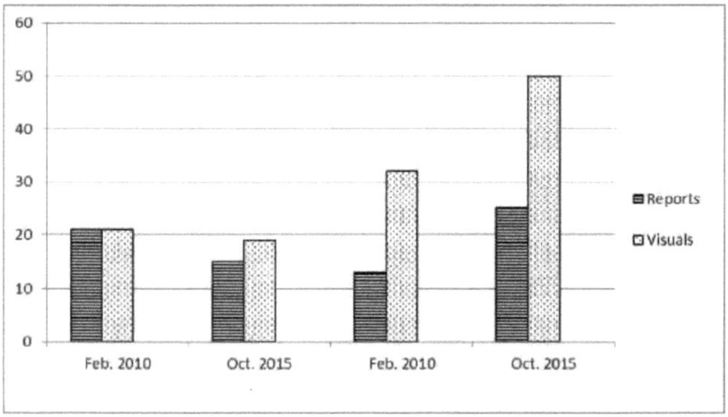

I want morebooks!

Buy your books fast and straightforward online - at one of world's fastest growing online book stores! Environmentally sound due to Print-on-Demand technologies.

Buy your books online at
www.morebooks.shop

Compre os seus livros mais rápido e diretamente na internet, em uma das livrarias on-line com o maior crescimento no mundo! Produção que protege o meio ambiente através das tecnologias de impressão sob demanda.

Compre os seus livros on-line em
www.morebooks.shop

info@omniscriptum.com
www.omniscriptum.com

Printed by Books on Demand GmbH, Norderstedt / Germany